PARENTING BOYS
THE SECRETS OF AMERICAN EDUCATION

养育男孩

美国人的教子秘方

刘长杰　李连会/编著

中华工商联合出版社

图书在版编目（CIP）数据

养育男孩：美国人的教子秘方 / 刘长杰，李连会编著. -- 北京：中华工商联合出版社，2017.9
ISBN 978-7-5158-2083-5

Ⅰ.①养… Ⅱ.①刘… ②李… Ⅲ.①男性－儿童教育－家庭教育 Ⅳ.①G782

中国版本图书馆CIP数据核字（2017）第 206986 号

养育男孩：美国人的教子秘方

编　　著：刘长杰　李连会
责任编辑：李　瑛　袁一鸣
封面设计：周　源
责任审读：郭敬梅
责任印制：迈致红
出版发行：中华工商联合出版社有限责任公司
印　　刷：唐山富达印务有限公司
版　　次：2018年1月第1版
印　　次：2022年2月第2次印刷
开　　本：710mm×1020mm　1/16
字　　数：160千字
印　　张：14
书　　号：ISBN 978-7-5158-2083-5
定　　价：48.00 元

服务热线：010-58301130
销售热线：010-58302813
地址邮编：北京市西城区西环广场A座
　　　　　19-20层，100044
http://www.chgslcbs.cn
E-mail: cicap1202@sina.com(营销中心)
E-mail: gslzbs@sina.com(总编室)

工商联版图书
版权所有　侵权必究

凡本社图书出现印装质量问题，请与印务部联系。

联系电话：010-58302915

让每个男孩都成为男子汉

　　"主啊！请陶冶我儿子，使他成为一个坚强的人，能够知道自己什么时候是软弱的；使他成为一个勇敢的人，能够在畏惧的时候认清自己，谋求补救；使他在诚实的失败之中，能够自豪而不屈，在获得成功之际，能够谦逊而温和。请陶冶我的儿子，使他不要以愿望代替实际作为；使他能够认识主——并且晓得自知乃是知识的基石。我祈求你，不要引导他走上安逸舒适的道路，而要让他遭受困难与挑战的磨炼和策励。让他借此学习在风暴之中挺立起来，让他借此学习对失败的人加以同情。请陶冶我的儿子，使他的心地纯洁，目标高远；在企图驾驭他人之前，先能驾驭自己；对未来善加筹划，但是永不忘记过去。在他把以上诸点都已做到之后，还要赐给他充分的幽默感，使他可以永远保持严肃的态度，但绝不自视非凡，过于拘执。请赐给他谦逊，使他可以永远记住真正伟大的朴实无华，真正智慧的虚怀若谷，以及真正力量的温和蕴藉。然后，作为他的父亲的我，才敢低声说道：'我已不虚此生！'"

　　以上为美国著名军事家、五星上将道格拉斯·麦克阿瑟的《为子

001

祈祷文》，在他的心目中，一个真正的男子汉应该具有这些品质：他应该树立正确的人生态度和价值取向，做一个善良、正直、有理想、有荣誉感的人；他要有能力、并且有意愿去承担责任；他应该具有勇敢、坚强、不屈不挠的品质，能够在合作与竞争中脱颖而出，坦然接受成功与失败，并且随时随地保持良好的风度与修养；他还应该对知识充满渴求，能够在危急关头一显身手。对于麦克阿瑟来说，这才是他希望自己的儿子成为的样子，而这不也正是全天下父母希望自己的男孩成长的模板吗？

"一个国家不能没有有效的教育"已经成为美国的基本教育理念之一，由此可见美国人对于教育的重视程度。他们认为，少一个人接受教育，就很有可能多一个不合格的公民，多一个社会问题，从而削减了国家的整体实力。

单就对于男孩的培养而言，美国家庭和社会对其的重视程度也远远高于其他国家。美国的父母很早就注意到了男孩在成长过程中的特殊性，并将英国、法国等欧洲贵族教育与本土印第安文化相结合，创造出了独特的男孩教育方式。美国教育部门也注意到男孩培养的某些特殊需求，因此在常规学习之外，还举办了许多额外的、适合男孩参与的特殊教育方式。此外，各种民间团体也大力提倡男孩培养，成为家庭教育和学校教育的良好补充，而一些较大的民间组织，其对男孩的培养及男子汉气概的养成，作用甚至远远大于家庭和学校的常规教育。如美国童子军组织，作为全美最大的非营利机构，以对男孩进行全方位的素质教育为出发点，目前其成员已经超过五百万，参加过该组织的美国人累计已逾一亿一千多万。美国童子军组织为美国培养和造就了大量人才，其中包括很多政界和商界的领袖人物，同时也帮助美国政府培养了大批国防后备力量，更重要的是，在提高美国国民整体素质方面，起到了不可估量的作用。美国童子军近一个世纪的历史证明，对男孩的素质教育是建立一个更加勤勉、富有责任感和卓有成就的社会的关键所在。

我们总是将美国称为"大熔炉"，因为对于像美国这样一个移民国家来说，不同的文化在这里汇集，相互融合，从而形成了独特的美国文化，同时这种兼容并包的文化也孕育出美国独特的男性魅力。在这里，牛仔与绅士合为一体，团队精神与个人英雄主义完美结合，严肃认真的态度与幽默风趣的作风互相融合……有鉴于此，本书希望结合具体案例，通过对美国在男孩教育独特方法和理念方面的介绍，为家有男孩的中国父母提供必要的启发和参考。正如美国一句俗语所讲："智力是天生的，优秀是培养的。"我诚挚希望更多的中国父母，可以通过本书，找到适合自己的、培养优秀男子汉的方法。

目录
Contents

第3章 独立与自主

第4章 责任与能力

第5章 勇气与坚强

目 录
Contents

第 9 章　探索与求知

第 10 章　急救与求生

第 11 章　性与健康

1

Chapter

第 1 章

家庭与环境

曾经有一位母亲，对着我大倒苦水："我家的两个孩子简直一刻都安静不下来。最近他们又发明了一项新游戏，就是用双腿缠住树枝，倒挂在树上，光是看着都让我心惊胆战。但怎么说他们都不管用，依然是我行我素，真不知道我上辈子做错了什么，让他们这般惩罚我。"

听着母亲的话，我心里暗想：这正是男孩的本性啊。正如古希腊哲学家柏拉图所说："在所有动物之中，男孩是最难控制和对付的！"他们总是精力充沛、勇于探索，喜欢不断尝试新的挑战，并且乐此不疲。想到这里，我不禁微笑着对那位母亲说："欢迎来到男孩的世界。"

家庭是男孩接触到的第一个社会现象，对他们的影响也最为深远。将来，男孩将会成长为一名怎样的人，获得多大的成就，过上什么样的生活，在很大程度上都取决于男孩的家庭影响。因此，想让男孩成为一名男子汉，父母首先要给男孩创造出适合的家庭环境。

第一节　家庭环境在男孩成长中的重要性

绝大多数婴儿在出生的时候，无论是身体发育，还是大脑的发育，基本上都是差不多的，但为什么随着人的逐渐长大，有的人成为了科学家、政客、医生、建筑师、艺术家，而有的人却成了流浪汉、吸毒者，甚至是罪犯？

为了弄清楚家庭环境对人的影响，美国一位著名的犯罪心理学家做了一项试验，他分别挑出50位成功人士和50位罪犯，然后分别写信询问在孩童时期父母对他们的教育方式。半个月后，心理学家收到大量的回信，其中有两封信引起了他的兴趣。有意思的是，这两封信的内容，都是围绕苹果展开的。

第一个人的故事是这样的：一次圣诞节，母亲拿出一些苹果摆在他和弟弟面前，问道："你们想吃哪个苹果？"他一眼就看中又红又大的那个苹果，但刚张开嘴，弟弟却抢着答道："我要那个最大的。"母亲听后十分不高兴，批评道："你要学会礼貌，将好的东西让给别人。"他听到母亲的话，灵机一动，马上改口道："我吃那个小的，把大的让给弟弟吧。"他的"谦让"马上赢得了母亲的欢心，于是他如愿得到了那个又红又大的苹果。从此以后，他知道了想要得到自己想要的东西，就要迎合别人的心思，使用技巧。

第二个人的故事是这样的：有一次，父亲过生日的时候，母亲拿出几个苹果，摆在他们兄弟三人面前，问道："谁想吃苹果？"他们三个孩子当然都想吃那个又红又大的，但这样的苹果只有一个，这该如何是好呢？母亲想出了一个解决办法，她指着门口的一块草坪，说道："我将门前的那片草坪平均分成三块，你们每人负责修剪其中的一块，谁做得最好，谁就能得到这个苹果。"他经过将近两个小时的努力，终于赢得了那个又红又大的苹果。在信的结尾，他这样写道："我通过自己的努力，赢得了那个最大的苹果，我非常感谢母亲，他让我明白了一个最简单、却也最重要的道理——想要得到最好的，就必须努力争取第一。她一直这样教育我们，在我们家，你想要得到什么好东西都必须通过竞争来获得，这很公平，你想要得到什么，就必须为此付出努力和代价。"

结果第一个人学会了耍手段，他在信中写道："上中学时，我为了达到自己的目的，会不择手段。后来剽窃、抢劫、吸毒、杀人，直到最后被关进了鹈鹕湾监狱。"而第二个人则学会了在竞争中体现自己的价值，并获得相应的回报，最终他进入白宫，成为了一名高参。

当然，我绝不是说他们两个人有如此天差地别的结局，都是由于两个苹果造成的，但从这个事例中，我们可以清楚地看到，父母的一举一动，会潜移默化地影响到自己孩子的思维。

肯定有人会问，第一个母亲教育孩子的初衷也是对的啊？让懂得礼让的孩子得到又红又大的苹果。没错，这位母亲教给孩子礼让是对的，但教育的方式却有很大问题。首先，得体的举止应该是发自内心的，而不是为了某种目的故意而为。其次，这种教育方法得来的只能是谎言，面对谎言，还谈什么礼让呢？以利益为诱饵，换来的绝不是礼让，只能是虚伪，当孩子因为一次虚伪而轻松获利时，在他的头脑中就会留下一个根深蒂固的印象：想获利就要如此作为。于是，"行为方式——结果认证——认定行为方式"的恶性循环就形成了。

比较事例中的两个家庭，可以很容易地看出，第二个家庭为孩子营造了更好的成长环境。他们用行动告诉孩子，诚实，为实现目标而奋斗，以及不惧怕竞争的重要性，而不是灌输凭借花言巧语就可以不劳而获。事实上，这种竞争不会影响到孩子间，以及同父母之间的亲密关系，但却会让每一个孩子充满活力，在各种活动中不断培养正确的价值观，学习新的生存技巧和各种知识。

在当今这个社会里，父母的职责与以前相比，已经有了大幅度的改进。父亲不再只是为赚钱养家而日夜忙碌，据美国一家调查机构统计，与40年前相比，父亲陪伴孩子的时间已经增长了3倍。现在的父母，会努力陪伴孩子度过他的童年和青少年，他们会一起参加集体项目，如学校、社区举行的各种集会；在孩子参加话剧、文艺表演或体育比赛时，他们也会成为最忠实的观众，从而体现自己的参与感和家庭成员的亲密感；他们会陪着孩子一起去郊游；在童子军的幼童军时期，他们也会与孩子一起参加活动……绝大多数美国父母都在努力做好为人父母的角色，在看着孩子一天天成长，不断获取新知识的同时，他们也在不断地学习，他们在与自己的孩子一同成长着。

与美国相比，我们做的就显然不够了。当然，这不仅仅是我们的问题，社会环境要起到很大作用。但这并不意味着我们什么都做不了。记得有一次我去贵州某地的村庄家访，由于处在深山之中，收入少得可怜，那里有力气的男人女人都跑到外乡务工，只有老人和孩子留在村里。当时我走访了十几户人家，听到最多的一句话，就是留守儿童所说的"我想爸爸妈妈"。在整个走访过程中，我明显感觉到这里的孩子十分缺乏安全感，他们不愿意和陌生人说话，除了生存，他们不知道生活为何物。当我问一个孩子"如果你挣了钱，想做什么"的时候，她竟然回答道："如果我挣了钱，就买好多好吃的，然后叫爸爸妈妈回家。"从他们的话语中，我明显能够感觉到，他们渴望有一个完整的家，一个健康的、适合自己成长的家庭环境，这个要求，真的过分吗？或者，换句话说，给孩子营造一个家庭环境，是孩子的要求，还是为人父母的责任？

当然，绝大多数父母都有机会陪在孩子身边，那就应该更加珍惜这个机会，因为童年不仅对于孩子来说只有一次，对于父母来说，也只有一次。这段时期是父母与孩子最亲密的时期，也是孩子成长最关键的时期，在这段时期里，他们将形成最初的价值观和人生观，而这些观念的形成，与父母为其营造的家庭环境密不可分。孩子成人后的思想活动、行为处事，无不带有童年时家庭环境影响的影子，其中尤以精神方面影响最大。

第二节　男孩成长的三个阶段

家庭环境之所以对孩子至关重要，就是因为父母是孩子最早接触的人，也是孩子接触时间最长的人。在孩子出生、成长的整个过程中，父母都会频繁、密切地与之接触，照料他们，陪伴他们，同时也在潜移默化地影响他们。因此，在孩子的潜意识中，父母就成为了他们最早的榜样，是他们第一个学习的对象。

对于男孩来说，他们的成长过程大致可以分为三个阶段。

首先是从出生到6岁。对于这一时期的孩子来说，男孩与女孩之间的性别差异已经显现，比如在堆积木时，女孩更愿意稳稳地平铺，而男孩则会高高地垒起来。但总体而言，此时的孩子并不会过于在意这种性别差异，他们最大的需求仍然是人类最基本的需求，能吃饱，能睡好，并且获得安全感，这就已经足够了。这一时期母亲对于男孩成长过程的影响似乎更大，因为在母乳喂养阶段，母亲和男孩已经形成了亲密的纽带，与父亲相比，母亲可以说拥有先天的优势。此外，这一时期的母亲也更愿意陪在孩子身边，照顾孩子的生活。与之形成鲜明对比的则是父亲，他们好像更喜欢陪伴孩子玩耍，而不是照顾他们起居。所以，这一时期母亲的行为对男孩的影响会非常大。

鲍勃·查顿是当地一所中学7年级的学生，小查顿从入学以来，一直沉默寡言，上课不会主动发言，下课也不去和同学们玩耍。在校期间，他做得最多的动作，就是一个人默默坐在教室的角落里，低着头，摆弄自己的铅笔，或者手边任何可以摆弄的东西。于是，学校的心理辅导员对小查顿进行了家访，家访中看到的情景很好地解释了小查顿这种行为的原因。小查顿的母亲并没有尽到身为人母的职责，她对于查顿似乎并不关心，而是更喜欢与自己的女儿玛利亚玩耍。据她自己说，当初她的父亲就是这样教育孩子的，认为男孩应该尽可能早地独立成长，只有这样才能成为一名男子汉，就像英国的上流社会，男孩会被送到寄宿学校，远离亲人一样。所以她在生活中会刻意疏远小查顿，从而保持他的独立性。

虽然出发点是好的，但这种教育理念却是严重错误的。研究表明，6岁以前的男孩大脑发育十分迅速，但他们与外界的交流技巧却很难自我形成，必须通过成人有意无意地指导才能学会。与女孩相比，男孩在交流技巧方面尤为缺失，如果在这一时期母亲能够更多地亲近男孩，与之交流，他的内心就会感到安全，大脑也会随之得到充分发育，从而获得与人亲密交流的技巧。同时，这样的孩子也会热爱学习，喜欢与人合作。这种连锁反应与多米诺骨牌十分相像，父母做好了第一步，剩下的事情也就会自然而然地发生。因此，如何走好第一步，可以说是至关重要的。

想要让孩子走好第一步，父母应该注意做好以下几点：

1. 父母要更积极主动地亲近男孩。这样才能让男孩获得更多的安全感，在温馨的氛围下成长，从而保证大脑的全面发育，以及情商的充分发展。

2. 父母尽可能用积极的心态影响男孩。父母是男孩情绪养成的最初榜样，也是对其影响最大的榜样。调查显示，温馨和睦的家庭中，孩子往往更有亲和力和团队精神，人际交往也更加自如。反之，当父母之中有人出现酗酒情况时，男孩也会随之变得缺乏责任感、玩世不恭，甚至消极厌世；如果父母总是带着怒气指责、打骂孩子，孩子也会随之变得对人缺乏尊重、冷漠无情。

　　3. 父母应注意在男孩面前的言行。6岁以下的男孩正处于智力高速发展的时期，虽然他们看上去天真无知，但却拥有超强的记忆力。父母的一言一行都会在他们心中留下深刻的烙印。因此，对于这一时期的男孩来说，父母在其面前应保持相互支持、相互关爱的形象，而口角等不愉快的行为一定不要当着孩子的面发生。

　　6到13岁是男孩成长第二个阶段。在这段时期，母亲的作用依然重要，但更应引起注意的是，父亲的作用急剧提升，因为他们即将以身作则，为孩子树立起一个男人应有的榜样。

　　这时的男孩，虽然依旧依赖母亲，但同时会将大量精力用于与父亲和同性伙伴的玩耍上。他们会下意识地模仿父亲的行为举止，如果父亲是一个爱骑摩托车耍酷的家伙，那么他也会对这种刺激的运动产生浓厚兴趣；而如果父亲是一个接人待物彬彬有礼的绅士，那么孩子也会更加注意自己的行为是否会得体。因此，这一时期的父亲一定要时刻注意自己的言行，因为你的一举一动、一言一语，很可能会潜移默化地影响到孩子，甚至会改变他的一生。正如著名旅行家马可·波罗，之所以会对旅行如此痴迷，正是由于他的父亲和叔叔都是威尼斯商人，经常前往各地打理生意，因此旅行才在小小的马可·波罗心中占据了重要地位。

　　另外，还有一个著名的例子，虽然在这个故事中父亲影响的是女儿，但也足以说明这一时期父亲对孩子产生的深刻影响。大卫·亚当斯是英国著名探险家，他曾经完成了登顶七大洲最高峰和征服南北极的"7+2冒险大满贯"，在他的影响下，他的三个女儿也都立志成为冒险家。2005年，亚当斯的大女儿艾丽西亚徒步穿越加拿大北部巴芬岛的北极荒芜地，成为世界上徒步到达北极的最年轻探险者；2008年，二女儿卡米拉以乘坐雪橇的方式到达北极点；2011年，尚在高中就读的小女儿艾米利亚抵达南极点，成为有史以来最年轻的南极征服者。

基于父亲在男孩成长过程中的重要性，我给诸位父亲提出以下几点建议，以供参考：

1. 如果想成为一个合格的父亲，首先就要有足够的时间陪伴孩子。尤其是在男孩长到6到13岁时，此时父亲的言传身教将对孩子的成长起到至关重要的作用。成为男人的种种特质，也将在此时埋进男孩的内心深处。

2. 给孩子制定合理的作息时间、布置适当的家务劳动，并严格遵守。这一时期的男孩，身体增长和智力增长并不同步，因此往往造成精力充沛，自制力却十分有限的局面，因此，制定合理的作息时间、布置适当的家务劳动将有助于男孩养成健康、规律的生活习惯。

3. 不要苛求孩子，减少孩子的压力。一定要分清孩子身心健康成长和学习成绩的主次关系，当两者不能兼得时，应如何选择？学校是学习的地方，不是增加压力、负担的地方。一定要记住，学校不是高压锅，压力越来越大，只能让孩子的身心承受不住。

　　14岁以后是男孩成长的第三个阶段。这一时期的男孩在生理和心理上都将发生明显的改变。睾丸激素大量增加，男孩随之正式进入青春期。此时的男孩大多表现为焦躁、喜怒无常、喜欢辩论、攻击性较强。青春期是叛逆大行其道的时期，如果父母不能很好地引导，将很有可能在家庭内部爆发小小的战争，在极端情况下，有的孩子甚至会选择离家出走、自杀等极端手段来反抗父母。因此，有效地疏导就成为此时父母的重要任务。

　　其实，最好的疏导方法，就是将孩子的精力转移到有意义的事情上，让他找到一个释放能量与激情的突破口。这个突破口可以是任何你觉得对孩子的成长有益处的事情，体育运动、科学小组、打工实践等等都可以。

　　马克是一位15岁男孩的父亲，他总会在周末带儿子去看橄榄球比赛，他说："每次看到本队达阵得分时，儿子都会情不自禁地大喊出来，然后会兴奋地给我讲每个球员的技术特点，甚至他们的兴趣爱好。当他说话的时候，我能明显感觉到他整个人都不一样了，仿佛焕然一新了。我知道，他当不了橄榄球运动员，但只要能让他享受到生活的美好就足够了。"

　　是的，青春期男孩的叛逆行为往往让父母头疼不已，不好好上学、拉帮结伙、抽烟喝酒，甚至是打架斗殴，但如果能够为孩子找到一个合适的兴趣点，就可以轻松避开这些让父母头疼的问题。

　　此时父亲仍然是儿子效仿的榜样，必须通过自己的言传身教，让孩子理解一个男人所应具备的优秀品质。比如，父亲与母亲之间关系的好坏，将直接影响男孩对于女性的态度。研究表明，一个男孩能否成长为一名尊重女性的绅士，与他父亲是否尊重母亲息息相关。这就要求在教育孩子时，父亲必须始终与母亲站在同一条战线上，即使在某些问题上有分歧，但当面对孩子的时候，父亲的态度也必须始终与母亲保持一致。此外，父亲的行为还会潜移默化地影响儿子，让他知道如何变得谦恭有礼。

史蒂芬的儿子已经17岁了，是学校里公认的优秀男生，他不仅学习优秀，对人更是谦恭有礼，这与父母平日里对他的管教是分不开的。据史蒂芬介绍，他的儿子和邻居家的孩子一样，经常会做出一些错误行为，但他却并没有像邻居那样，对这种行为视而不见、充耳不闻，或者全都交由孩子的母亲负责，而是会在适当的时候指出儿子的错误之处，让他明白什么才是正确的行为方式。史蒂芬还为我们举了一个例子。有一次晚饭后，儿子起身往自己的卧室走去。母亲叫住他，说道："帮我把桌子收拾好。"儿子一脸不高兴，回应道："我还有很多功课要做，你自己收拾吧。"这时，在一旁的史蒂芬出面了，对儿子说道："不要用这种语气和妈妈说话。"不用再多说什么，只一句话，就让儿子明白了对待长辈时，什么样的态度才算是礼貌。

从婴儿的呱呱坠地，到六七岁时男性特征的逐渐明显，再到青春期的叛逆，父母见证了孩子一步步从男孩转变为男人。而在这一过程中，父母的作用不仅仅是见证者，更是参与者，是他们的一举一动、一言一行，在潜移默化中影响并改变了自己的孩子，使之最终成长为一名优秀的男人！

第三节　父亲，影响男孩一生的人

对于家庭教育而言，父母的影响往往都是十分重要的。但仅就培养男子汉来说，父亲绝对会在男孩的成长过程中扮演更加重要的角色。心理学家研究表明，孩子的种种同性别角色相符合的行为，与爸爸的教育和影响密不可分。男孩向父亲观察、模仿男性的语言和行为，逐步树立起男子汉、大丈夫的气概。女孩则从父亲身上接纳、学习同异性接触和交往的经验。

由此看来，父亲在男孩成长过程中的重要性可谓不言而喻。而且，男孩也会下意识地向父亲看齐。比如，很多美国男孩子在家庭郊游或者做游戏时，都会说"让我和爸爸一队，妹妹和妈妈一队"之类的话，这句话其实正是男孩对于自己男性角色的认同。

在日常生活中，男孩会像雷达一样，时刻关注着父亲的一举一动，并且会刻意模仿父亲的每一个微小细节。虽然对于很多父母来说，男孩的这一举动都是很难被察觉到的，但它却是不争的事实。因此，父亲必须时刻留意自己的行为举止，他要给男孩做出榜样，让他们知道什么才能算一个真正的男人。

奥康纳有一个习惯，每晚睡前都要去家附近的一个酒吧小酌几杯。有一个晚上，鹅毛大雪从空中飘落，奥康纳像往常一样来到这家小酒馆。正当他举起手中的杰克丹尼，想要一饮而尽时，突然发现自己7岁的儿子站在酒吧门口。这让奥康纳大吃一惊，他急忙放下酒杯，把孩子叫到身旁，问道："你怎么到这里来了？"儿子说道："我看见你离开家，就顺着雪地里你的脚印找来了。"儿子的话仿佛晴天霹雳，让奥康纳猛醒过来，他想道：原来儿子注意着我的每一个小细节，如果我还是每晚泡在酒吧里，他长大后会不会也成为一个酒鬼呢？想到这里，奥康纳陷入深深的自责之中。他暗下决心，一定要改掉自己酗酒的坏毛病，为儿子做一个好榜样。

作为父亲，必然会在男孩的成长过程中扮演起重要的榜样作用，但仅仅依靠自身言行影响男孩仍然不够，还必须双管齐下，在做出榜样的同时，教导男孩具有与那些成功人士一样的优秀品质：诚实、乐观、勇敢、坚强……在教育男孩方面，言传与身教同样重要。

马特已经9岁了，为了培养他的责任感，父母开始为马特布置更多的家务。这一次，马特的任务就是在厨房给妈妈打下手。对于这些额外的家务，小马特显然不甘心就此接受，一脸委屈地对妈妈说道："我想出去和朋友玩耍，明天再帮妈妈打下手好不好？"对于马特的反应，父亲早已做了预案。他放下手中的茶杯，一脸严肃地看着小马特，说道："儿子，既然你是家庭的一分子，那就必须参与家庭的集体劳动。如果你非要出去和朋友玩，那只能选择放弃今天的晚饭。"小马特意识到了事态的"严重性"，但他显然不愿意就此放弃，对父亲说道："可是我已经和朋友约好了，要和他一起去玩滑板啊。"教育孩子不能一味强硬，父亲当然知道这个诀窍，说道："如果是这样，我可不想让你违背自己对于朋友的承诺，但做家务也是你的责任啊。不如这样吧，晚饭时你仍然要去给妈妈帮忙，如果你表现好的话，晚饭后你可以比平常多玩半个小时。"对于父亲的这个承诺，小马特完全可以接受，便欣然答允了。

在这个事例中，父亲的说教很有艺术性，他对马特的训话并不是枯燥乏味的长篇大论，却又取得了意想不到的收获。在整个事件的进程中，小马特既懂得了家庭成员必须为这个集体尽自己的义务，又遵守了与朋友之间的承诺，可谓一举多得。

其实，想要成为一名合格的父亲并不难，你可以试着从以下四个方面做起：

1. 陪孩子一起做游戏

所有人都知道，游戏玩闹是孩子的天性，但却很少有人知道，游戏玩闹也是男孩成长为真正男人的必经之路。几乎所有男孩都是天生的捣蛋鬼、冒险家，以及麻烦和噪音的制造者，可也正是在玩闹中，他们开发了大脑、强健了体魄、懂得了合作与分享、学会了各种各样的生存技能，只要教育得当，男孩通过游戏学到的本领将超乎你的想象！

麦克·马锡和儿子格里克·马锡算得上是最佳拍档，只要他们俩在一起，一定能折腾出点事情来。不过，麦克可不像表面看起来那样是个孩子王，在教育孩子方面，他可以称得上是位地地道道的专家。即使在平常的游戏中，也随时注意培养孩子的品质。比如，每次他和格里克一起在院子里洗车，都会最终演变成一场水战，等到两个人浑身湿透，走进屋子里换上干燥衣服后，他都会要求格里克与他一起擦干地板上的水迹。他会对格里克说："妈妈每天都要擦拭地板，非常辛苦，我们不能再给她增加额外的负担。这些水迹是我们留下的，所以我们要对自己的行为负责，把它们收拾干净。"

在这种游戏中，孩子便自然而然地将行为与后果联系起来，学会了对自己的行为负责。如果能长此以往，在游戏中加入有教育意义的内容，那么孩子在游戏时收获的，将不仅仅只是快乐，更有让其受益一生的宝贵经验。

2. 与孩子一起外出郊游

每一个父亲都应该找时间带着自己的孩子出游，对男孩来说尤其如此。在郊游过程中，男孩不仅能亲近自然，享受到难得的自由时光，更可以激发他们探索与求知的欲望，去体验更大更广阔的世界。更重要的是，当男孩在郊游中看见父亲的高大魁梧、无所不能时，他们内心的安全感也会迅速提升。即使很多父亲对自己都不会有这样的看法，但在孩子眼中，父亲几乎总是自己幻想中的英雄。

杰克·弗雷齐每年都会带儿子前往黄石国家公园露营，如今，这项活动已经成为他家的保留节目，但第一次带着儿子去露营的经历却并不全是那么美好。

弗雷齐回忆道："我们第一次全家露营时，科丁还只有7岁。那时我们在一个河湾处停留下来，打扫出一片可供露营的空场，然后支起帐篷，并在帐篷前架好木柴，这样到了晚上我们就可以点起篝火。作为童子军教练，这些工作对我来说十分轻松，一切都进行得非常顺利，科丁也玩得非常尽兴。但随着天色逐渐转暗，科丁也随之变得越来越不自然。他就像影子一样，紧紧跟随在妈妈身边，等到天色完全变黑时，他已经是从侧面抱住妈妈的腰，从远处看，仿佛挂在她的胳膊上一样。我点起篝火，想让全家人围坐在篝火旁，但所有努力都是徒劳无益的，科丁无论如何也不敢踏出帐篷半步，而妈妈也只能放弃篝火的温暖，陪他一起待在帐篷里。

整个夜晚仿佛一场灾难，就算微风吹过树叶，发出轻微的摩挲声，科丁都会吓得尖叫起来。直到凌晨两点，他才熬不住困意，慢慢睡去。第二天清晨，我从帐篷里出来，坐在已经熄灭的篝火前，思考着这次家庭露营是否是一个正确的选择。让儿子整夜都被恐惧包围着，我对此感到无比内疚。但这时，一个声音从我身后传出：'爸爸，昨晚有你在，让我感觉安全多了！我们能不能再多住一晚？'

听到这句话时，我整个人都震惊了，同时也感到无比的自豪。于是我们改变了行程，第二天整整一天，我们都在河边钓鱼、嬉戏，到了晚上，继续露营。这一次，科丁不再像前一晚那样战战兢兢，而是勇敢地坐在篝火旁，听我讲故事。我给他讲了天上星座的传说，还讲了很多我小时候的故事。那一晚真是让我终生难忘。从那时起，每年我们都会来到黄石国家公园露营几天，等到科丁渐渐长大，也开始帮我拾木柴、搭帐篷、生篝火，这些技巧使得他在加入童子军后，轻而易举地获得了许多徽章。现在回想起来，我真庆幸自己选择了作为家庭的集体活动。"

3. 尝试与孩子一起动手劳作

男孩喜欢父亲教他一些实实在在的东西，这既是男孩无穷无尽求知欲的体现，也是他想成为一个真正男子汉的潜意识选择。而作为父亲，正好可以借此机会，好好培养一下男孩的各种生存技巧，以及坚持不懈的品质。如果儿子喜欢钓鱼，你可以教给他当然是最好的了，但如果你也不会，与其拒绝孩子的要求，还不如父子一起学习，共同动手，即使最终没能学会，但你们至少也收获了快乐和幸福。是否与孩子一起动手劳作，会与不会根本不是问题，关键就在于你是否真心想去尝试。

米克绝对算得上是一位称职的父亲，当儿子要求与他一起垂钓时，他对儿子说道："虽然我也不会钓鱼，但我愿意和你一起学习。不过我有一个条件，就是如果你决定学习钓鱼，就不能半途而废！"为了学习钓鱼，儿子一口答应了父亲的要求。

于是，米克给自己和儿子到垂钓兴趣班报了名，然后开始从头学起。刚开始是钓鱼的基本常识，都是以教练口授为主。儿子很快就失去了兴趣，米克对儿子说道："你还记得对我的保证吗？只要来学习钓鱼，就不能半途而废。"儿子想起了自己的诺言，只能向父亲点点头，耐着性子继续学习。随着实操阶段的到来，打窝、投饵、装饵、下钩、看鱼钩……儿子对钓鱼的兴趣也渐渐提高了，但男孩的注意力永远不会在一件事情上停留太久，随着时间的推移，一无所获的儿子又开始觉得乏味起来。米克提醒他道："还用我提醒你自己的诺言吗？""不用，我记得，不能半途而废。"儿子坚定地回答道。终于成功了，看着儿子将一条小鱼从河中钓起，米克的兴奋丝毫不亚于儿子，因为他知道，通过这次钓鱼训练班，儿子学到了宝贵的一课，无论什么事情，想要做好，就一定要有耐心。

第四节 母亲，请放手让男孩去闯

孩子来到人世间见到的第一个人就是妈妈，咿呀学语的第一个词是"妈妈"，生病时悉心照顾的是妈妈，睡觉时因害怕而依偎的是妈妈，放学回家后问的第一句话是"我妈妈呢"。可见，不管男孩还是女孩，都会对自己的母亲特别依恋。但是，请做母亲的谨记，如果你面对的是一个男孩，请千万不要让他对你过于依恋，因为培养一个男子汉，不仅仅需要父亲的榜样作用，还需要母亲放手，让男孩自己去闯。社会学家研究发现，当男孩有80％的时间和母亲在一起时，他们便会缺少成为男人的榜样，长大后也会更加女性化，或者成为一个长不大的"大孩子"。

那么，如何才能让男孩不失去"阳刚之气"呢，在这里，我可以给出三种方法，供各位母亲尝试。

1. 不要轻易丢弃自己的威严

对任何一位家长来说，保持权威都不是件容易的事情。权威的尺度掌握得不好，将产生很严重的后果，对待孩子过于严厉，将会压制孩子的自由成长；对待孩子过于宽容，则又会使孩子变得放纵娇惯。要掌握好权威的尺度，可十分讲求技巧。

在人们心目中，"严父慈母"似乎已经为家庭中父母二人担任的角色定了性，但严格说来，这种观念有点过于片面。父亲的确在大部分时间内都较母亲更为严格，但也一定要避免这种权威的滥用。而母亲虽然总是以慈祥的形象示人，但在孩子主动挑战母亲的权威时，也不能一味退让，否则只会让孩子得寸进尺。

丽莎·波顿便深谙保持威严的艺术，她知道什么时候必须提醒儿子，停止其不得体的行为。有一次，丽莎带着儿子去超市，在超市里，儿子看上一个比较高档的玩具，价格也是不菲。因此，丽莎拒绝了儿子的要求，她说道："上周才给你买了新玩具，要买这一个至少要等到下个月。"面对母亲的拒绝，儿子显然不高兴了，说道："可我不想要那个旧玩具，我想要这个！"然后便开始耍小性子。看着儿子越来越胡闹，丽莎知道此时必须要维护自己的权威了，她厉声说道："以你今天的表现，你知道回家后我会怎么惩罚你吗？"

"知道。"儿子回答道。

"是什么呢？"丽莎问道。

"禁足。"

"没错，如果你继续胡闹，禁足的日子就要增加到一周。"

儿子停止了胡闹，虽然仍旧一肚子怨气，但直到回家，都表现得规规矩矩。儿子在公开场合显现不得体的举止，对于母亲来说经常会感到十分尴尬。但丽莎却能够保持头脑冷静，在适当的时候展现出作为母亲的权威，从而制止儿子的胡闹。因此，请各位慈母谨记，在任何时候，都不要轻易丢弃自己的威严。

2. 用肯定激发男孩的男子汉气概

有的时候，父母刻意培养男孩的男子汉气概，但孩子毕竟只是孩子，当面对困难的时候，男孩很可能会选择退缩或放弃，这个时候，往往是母亲最为难的时刻。

面对处于困境中的儿子，母亲该如何做呢？恐怕很多母亲此时都会选择做一个"代办型妈妈"，即把所有事情都大包大揽在自己身上。这种教育方法虽然表面上看起来是在帮助孩子，其实却是在加深儿子对于母亲的依赖程度，这对于一名男孩来说，绝对算是有害无益的做法。

此时，作为母亲，请务必按捺住母性的冲动，因为你的孩子必须学会独自面对困境、克服困难，这是一个男孩转变为男人的必经之路。因此，请你用肯定来激励男孩，让他有足够的勇气面对困难，接受挑战。必要的时候，你可以为他指点获得成功的方法，但切勿代他动手，否则男孩将失去一个锻炼意志的绝好机会。

卡尔·斯蒂杰正在准备竞选学校的学生会主席职位，但他的竞争对手却实力强劲，尤其是贾西，凭借着校橄榄球队主力四分卫的优势，赢得了多数学生的好感，而另一位竞选者杰西更是人见人爱的可人儿。对于自己在竞选中的劣势，卡尔十分清楚，因此几天来情绪一直非常低落。

儿子由决定竞选时的兴奋，到此时的失落，都被母亲看在眼里，眼见儿子马上就要放弃，母亲知道此时应该出手了。

一天晚饭后，母亲很随意地问卡尔："对于学生会主席的竞选，你准备得怎样了？"

"我觉得形势很不好，贾西和杰西的呼声都比我要高。"

"为什么呢？"

"贾西是学校的运动健将，而杰西是去年的感恩节舞会皇后，他们都是学校的名人，我根本不能和他们相比。"

"所以你打算放弃了？"

"也不算放弃，只能说是顺其自然吧。"

"听着，我的儿子，从你决定参加这次竞选时起，我就为你的勇气感到骄傲。但勇气不能仅仅只停留在一时的冲动上，还必须要有始有终。每一个决定都伴随着无数个困难，只有克服所有困难，才能最终获得成功。所以，我希望你能够拿出足够的勇气，去面对这次竞选中的挑战。"

"可我在名气上根本不能和他们相比啊？"

看着儿子无法摆脱竞争对手的阴影，母亲决定为他支支招。"名气是他们的优势，那么你的优势是哪些呢？"

"我是一个优秀的组织者，许多学校的集体活动都是我主持的，包括杰西大出风头的那次感恩节舞会。"

"是的，那你就应该好好想想怎样发挥自己的优势。"

母亲的一句话让卡尔猛醒，是啊，他也有自己的优势。当晚，卡尔就想出了一个绝好的竞选标语：学校属于每一个人。在他的竞选过程中，也都紧密围绕着这一主题，宣称每一个人都应该成为学校的主人，学生会应该为每一个人体现价值创造机会。此外，他还组织了一次学校创意大赛，让许多学校里的"书呆子"有机会大展拳脚，同时也为自己赢得了更多普通学生的好感。

在一个月后的竞选中，卡尔大获全胜，成功当选为学生会主席。

3. 给孩子证明自己的机会

很多母亲由于害怕孩子受到伤害，因此凡事都会代替孩子料理，这种做法看起来像是为孩子支起一张保护伞，其实却是将孩子隔离在现实世界之外。无法接触到现实世界，自然也就无法认清真实的自己，一旦离开母亲这张保护伞，结果也就不言而喻了。

其实，在男孩的成长阶段正确的培养方法，就是尽可能寻找机会让男孩接受挑战、证明自己，如果成功当然很好，即使失败了他也能够从中收获很多益处。相信我，有些时候失败会比成功更有教育意义。正如某位教育家所言："孩子要想成功，必须学会接受失败、感受痛苦。失败和痛苦是构成最终成功和喜悦的最基本元素。"

简·佩顿深知让孩子自己接受挑战的重要意义，因此她从来不会以保护孩子为借口，让孩子轻易错过一次学习的机会。一天，地下室的电灯泡坏掉了，她11岁的儿子克莱纳告诉她，自己已经在童子军活动中学会了更换电灯泡的方法，这次想要亲自实践一下。虽然十分担心孩子会被电到，但她知道孩子早晚要长大，会有自己的家庭，与其那时候临时抱佛脚，不如现在趁热打铁，好好复习一下更换电灯泡的要领。

但为了保护孩子，温习一下动作要领还是必要的，于是她问儿子："你还记得更换电灯泡时要注意什么吗？"

"记得，关掉开关，戴上绝缘手套。"克莱纳回答道。

"很好，现在就按照步骤做给我看看吧。"

能够得到一显身手的机会让克莱纳感到十分高兴。在他心目中，无所不能的父亲就是自己的榜样。平日里，每当父亲加固仓库或修理其他家具时，他都会跟在父亲身边打下手，这一次，他终于也可以像父亲一样当个"男子汉"了。他关掉开关，戴上绝缘手套，蹬着梯子够到天花板，小心翼翼地拧下电灯泡，然后换上新的。

在整个过程中，简只是站在一旁静静地观看，她知道这次小小的胜利将激发孩子更大的渴望，也许，在未来的某一天，克莱纳真的能够成为一名像他父亲一样出色的男人。

2

Chapter

第 2 章

自由与平等

“87年以前，我们的先辈在这块大陆上创立了一个孕育于自由的国家。他们主张人人生而平等，并为此献身。”这句话出自于林肯著名的《在葛底斯堡的演讲》，而它也代表了美国的一个重要精神——自由与平等。

每一个父母都应该谨记，孩子不是你的私人财产，而是一个独立的个体，他们也有自己的人格与人权。因此，家庭中针对孩子制定的一切教育措施，首要的前提就是保证孩子的尊严不受伤害。正如一位美国教育家所说：“相互平等及尊重的关系不只在于成人之间，也在于成人与儿童之间。从幼儿一出生开始，做父母的就应该意识到这是一个有自己权利的个体，我们应当尊重他，而不仅仅是拥有他。”

也许有人会反驳，如果当孩子惹你生气时，不好好教训一顿，怎能维护父母的威严。但问题的关键是，如果能找到更好的、更有效的办法，既可以让孩子接受教育，又能免于伤害其人格和自尊，你是否还会选择粗暴的教育方式呢？

美国的父母也曾经一度走入粗暴教育方式的误区，在那个时期，很多父母都认为只有严厉地教育男孩才能让他们最终成为一名男子汉，但这种教育的结果却令人十分失望。调查显示，在青少年时期得不到充分尊重的男孩，长大成人后也往往会失去对他人的尊重。这种缺失让许多人出现潜在的反社会人格，甚至成为罪犯。

如今，美国的父母已经充分意识到，维护孩子人格的平等在教育中的重要作用，各种维护儿童人权观念的活动也如雨后春笋一般展开，1998年，美国反体罚民间组织有效管教中心（Center for Effective Discipline）更是选定每年4月30日为"不打小孩日"（Spank Out Day），可见在美国，儿童人格平等观念已经深入人心。

那么，父母应该如何做才能让孩子感到被尊重呢，也许下面几个美国家长教育方法的事例，会给各位家长提供一些借鉴。

第一节　男孩也是家庭的一分子

孩子要从一个生物学意义上的人转化为社会人，最根本的条件是社会环境、社会生活。家庭是孩子接触的第一个社会现象，父母则是个体社会化的启蒙老师。首先与孩子建立人际关系的对象是父母和家人，因此，想要让自己的男孩更好地融入社会之中，父母就应该先让男孩在家庭中占据一席之地。

杰克·弗雷有一个幸福的家庭，包括妻子和三个儿女。在小儿子9岁的时候，杰克正式邀请他成为"家庭议会"的一员。在他家，只要家庭内部需要做什么决定，就要整个家庭议会成员一起举手表决，只有赢得多数选票才能获得通过。

在教育孩子方面，杰克和妻子露西的立场总是保持着一致，所以当长女玛利亚加入到家庭议会时，杰克夫妇仍旧可以保证获得三分之二的选票，从而稳操胜算。这种情况在儿子福斯加入家庭议会后出现了转变，因为在很多事情上，这一对儿女总会保持一致的立场，从而在家庭决议中与父母分庭抗礼。此时，想要说服孩子们可就要费一番唇舌了，但杰克没有就此中断家庭议会，因为他发现自从儿女拥有对家庭事务的投票权后，他们的积极性明显比以前有了提高，并且真的将家务事当作自己应承担的责任。当然，杰克夫妇的教育策略也进行了适当调整，当有事需要全体表决时，他们就会采用各个击破的策略，逐一说服两个孩子。

转眼间，就到了小儿子凯恩斯的9岁生日。这一天凯恩斯显得格外兴奋，不仅仅因为今天是他的生日，更是因为从这一天开始，他便可以拥有家庭议会的投票权。以前，每次旁听父母和哥哥姐姐进行家庭会议，凯恩斯都会忍不住发表自己的看法，但杰克总会告诉他，只有到了9岁，他才能获得家庭议会中的位置。对于这一天，凯恩斯已经期盼很久了。

唱完生日歌，父亲当着全体家人的面，宣布正式接纳凯恩斯进入家庭议会，并允许他在接下来的三天内组织一次家庭会议。一般情况下，在杰克家中，家庭会议总是在月末举行，内容是总结上个月每个人的情况，布置下个月的家庭事务分配，以及讨论并表决每个议会成员提出的议题。但在每个成员第一次被接纳为家庭议会成员时，他有权召开一次临时会议，会议中只讨论新成员提出的一个议题（事实上，这一规定是在福斯加入家庭议会时确定并开始执行的，因为这也是他当时的生日愿望。杰克觉得这是一个非常好的方法，既可以提高孩子们参加家庭议会的积极性，又可以锻炼他们的组织协调能力和交际技巧，于是临时会议的形式就被保留下来）。

杰克至今还记得凯恩斯第一次召集家庭议会的情景。当时他提出的议题是"不再独自负责他和哥哥卧室的保洁工作，而是改由与哥哥共同负责。"原来在杰克家，每个人都有自己的家务分工，爸爸负责地下室和客厅，妈妈负责主卧室和厨房，玛利亚负责自己的卧室以及倒垃圾，福斯负责休息室和草坪，而凯恩斯负责他与哥哥共同使用的卧室。这一议题马上引起福斯的反对，他说道："我也有自己的工作啊，我还要负责院子的修剪草坪呢，整理那么大的草坪是很累人的。"杰克也问凯恩斯道："如果哥哥与你一起打扫卧室，那草坪由谁来负责呢？"凯恩斯说道："可是每次我收拾完卧室，哥哥都会说我乱放他的东西，如果我们俩一起收拾，就不会出现这种问题了。"杰克知道凯恩斯说得没错，为了这种事情，两个儿子已经不知吵过多少次了。

眼看议题陷入僵持，凯恩斯提出了自己的条件，他说道："如果哥哥能和我一起收拾卧室，那我可以帮他修整一半的草坪，这样他也不会额外多出许多劳动。"福斯早就厌烦了一个人修整草坪，于是马上赞同了弟弟的提议，说道："我觉得可以，卧室是我俩共同使用的，一起收拾也很公平。况且我也希望有人能帮我一起修整草坪。"杰克看到不再有人提出异议，便宣布开始表决，最终凯恩斯的提议获得全票通过。看到凯恩斯获得成功后兴奋的样子，杰克也从内心感到高兴，他知道这一天凯恩斯学到了对其一生都很有帮助的一个道理：想要索取，先要给予。

如今，杰克的家庭议会已经被当地社区列为家庭教育典范，从而被广泛宣传，这不仅仅是由于在家庭内部推行了民主制度，更是因为给孩子提供了一个平等交流的平台。在这个平台上，孩子们不再觉得自己是父母的所属品，而是家庭真正的主人，他们会主动要求承担家庭事务，愿意为这个家庭尽自己的一份义务。正如一位美国教育家所言："你想创造民主、和谐、友好的家庭环境，你就必须平等地做孩子的朋友；要做好孩子的朋友，你就应该了解孩子、理解孩子，平等交流则是理解孩子的手段。"

事实上，与粗暴型的家庭教育相比，民主型家庭教育的优点是显而易见的。那些没有家长架子的父母与孩子相处会更加融洽，这样的家庭培养的孩子民主意识也会更强。他们会拥有公平、自由、科学的精神，注重讲事实、摆道理，有较强的独立思考和主动选择的能力。他们处理问题比较全面，有竞争意识和创新精神。在待人处事上，他们也能心胸开阔，与人友好相处。而所有这些优点，不正是现代社会中男人所应具备的优秀品质吗？

第二节　倾听男孩的心声

男孩就是男孩，他们总有办法让自己的父母抓狂。比如他们会无缘无故地爬上高高的树枝，或者捉住昆虫带回家里，又或者故意弄个恶作剧。这个时侯，请父母们千万不要"牢骚太甚"，而是要仔细想一想，为什么男孩会这样做，难道他们做这些只是为了惹人生气吗？

当然不是。他们爬上树枝，也许是在向同伴显示自己的能力；他们将昆虫带回家，只为满足自己的好奇心或求知欲；他们的恶作剧，也很可能只是出于善意，想要引起别人的注意或同伴的响应。总之，一切都不会无缘无故地发生，想要了解男孩，请仔细倾听男孩的心声。

可能很多人都听说过下面这个小故事，但我还是要再讲一次，因为这则故事很好地阐释了倾听孩子心声的重要性：

6岁那年，达·芬奇上学了。在学校里虽然要学习各种知识，但他却只对绘画兴趣浓厚。一天，达·芬奇在上课的时候又走神儿了，他完全没有去听教师讲课，而是为教师画了一张素描图。教师很生气，将达·芬奇的父亲叫到学校，当着他的面狠狠批评了达·芬奇。

回到家后，父亲非但没有生气，反而夸奖了达·芬奇，说他的素描画得很好。也就是在那时,父亲"听懂"了达·芬奇的心声,意识到孩子真正的兴趣是绘画,即使是在很小的年纪,他绘画的天赋也已经展露无遗。

等到达·芬奇16岁时,父亲将他带到画师维罗奇奥那里学画画。达·芬奇的天赋终于有了表现的机会,在维罗奇奥的指导下,达·芬奇进步神速,并最终成为一位伟大的画家。

著名教育家戴安·克拉普曾经说过:"只有用希望了解、希望倾听的态度与孩子们谈话,才能使孩子感到我们尊重他们的能力,尊重他们的独立性。也只有这样,才能让孩子充分运用自己的思考与能力去探索。"

一天,11岁的凯利·戈登放学回家,匆匆吃完晚饭,便跑到院子里去了。一开始父母并没有注意到有什么异常,直到母亲提着垃圾袋去街边倒垃圾,才发现凯利已经拿着小铲子,在院子的篱笆墙下面挖了一个大坑,直接通到外面的马路上。

凯利的行为让母亲十分生气,她将儿子叫到屋子里,准备好好教训他一下,但丈夫霍斯特却制止了她。霍斯特看着低垂着头,满脸沮丧的儿子,问道:"凯利,你欠妈妈一个解释。她辛辛苦苦整理的院子,你为什么要弄乱?"

凯利支支吾吾地说道:"今天上课的时候,布里克斯给我讲述了他在童子军里面露营烧烤的事情,并说这是他迄今为止最有意思的经历,所以我也想试试露营烧烤。"

"那你为什么要在篱笆下面挖个坑呢?"父亲接着问道。

"因为只有在篱笆周围烧烤,才不会破坏家里的草坪,我知道,妈妈修整草坪是很辛苦的。"

母亲莎拉被儿子的话感动了,同时暗自庆幸没有冲着他大发脾气。

霍斯特早就知道儿子对童子军十分感兴趣，但按照规定，只有年满12岁的男孩才有资格进入童子军，看来自己的儿子已经有些迫不及待了。

霍斯特心想：反正火坑已经挖好了，还不如借此机会让他体验一下童子军真正的乐趣，全家人也可以就此来一顿烧烤大餐，但在这之前，还是应该让儿子意识到自己的错误。于是，他对儿子说："你既然知道妈妈很辛苦，为什么还要挖个大坑呢？"

凯利再次低下头，很显然，他也意识到了自己的错误。霍斯特又道："我看不如这样吧，既然你那么喜欢露营烧烤，我们就一起做一次，但烧烤结束后，你必须为自己的行为负责，将土坑填埋平整。"

听到父亲答应一起露营烧烤，凯利一下子又兴奋起来，连忙答应了父亲的要求。于是霍斯特开始为每个人布置任务：母亲去邻居家借搭建灶台用的大石头，邻居皮尔斯是童子军教练，他家的各种器具可谓一应俱全；他自己则带着凯利准备烧烤的食物。

既然是童子军活动，食材当然是要以童子军烧烤的食物为主。他先取出牛肉，将肉皮去掉，因为烧烤时肉皮会让肉片起卷。将肉块切成薄片，用调味料腌好。再将切下的肉皮放到平底锅中煎出油来，放到一边备用。然后打三个鸡蛋，加入糖和炼乳，以及掺有发酵粉的面粉，搅匀，做成一个厚厚的蛋糕，并在表面涂抹上黄油和事先用猪皮炸好的油。

一切准备妥当，烧烤开始了。他和凯利一起搭建好灶台，点燃火，将平底锅擦油后放到灶台上，然后放入腌好的咸肉。看着腌肉一点点变成金黄色，凯利此时已经是急不可待了。全家人一边吃着煎肉，一边听着凯利讲述童子军的种种故事。等到灶台里的几个石头完全变热，霍斯特将用锡纸包裹好的蛋糕放在石头上，同时还在一旁摊了三个鸡蛋。

在霍斯特的记忆中，这应该是他们一家吃的最有意思的一顿饭，这一天每个人都兴高采烈，甚至在儿子凯利饭后收拾灶台和火坑时，都洋溢着喜悦。看着儿子规整好院子，莎拉深切体会到了对于男孩的教育艺术。今天她学到了作为家长的重要一课，就是随时准备好倾听男孩的心声。一位心理学家曾经说过："善于聆听的父母能够运用想象力从孩子身上透视整个状况，他们用语言，以安抚的、非批评的方式，回应他们所听到的，并帮助孩子认识自己。但最重要的是，他们用内心真正地去感觉孩子的感受。"而霍斯特正是听到了儿子的心声，才促成了一次十分有意义的家庭集体活动。

关于倾听男孩的心声，还有一个很实用的技巧，那就是当孩子向你讲述一件事情事，你应该不断地附和他所说的话。美国教育家巴菲·邓克说过："当孩子表露他的情绪时，你就回应所听到和留意到的事情。这样是向孩子保证你在仔细地倾听，同时也肯定他的感受。"还有很重要的一点，即使巴菲·邓克也没有注意到，那就是当你认真倾听男孩讲话时，传递给他的信息就是：我对你的每一件事情都是非常重视的！只有当男孩感到自己得到足够的尊重后，父母和男孩才能真正建立起有效的沟通途径。

在这里，我可以和大家分享一下美国家长与孩子建立有效沟通的21条原则：

1. 用心倾听他们怎么说；
2. 花时间学会真正理解他们的一言一行、一举一动；
3. 孩子不是完美的，接受他们的缺点，接受他们本来的样子；
4. 常和他们一起度过有意义的时光；
5. 别将孩子跟他们的兄弟姐妹刻意地做"横向比较"；

6. 与其常常否定孩子，不如多说一些肯定的话；

7. 告诉孩子，你为他感到自豪；

8. 礼貌对待孩子的朋友；

9. 可以适当地对孩子说说成人的烦恼，这样他们才会明白遇到麻烦的并非只有他们；

10. 热心参加孩子学校组织的活动，如运动会、表演或手工作品展等；

11. 有些事完全可以征求他们的意见或看法；

12. 对他们拥有的物品予以尊重；

13. 经常同他们一起开怀大笑；

14. 耐心观察并发现他们的兴趣所在，努力发现你和孩子共同喜欢做的事，并参与其中；

15. 尽量多和他们一起进餐，或一起做饭；

16. 经常鼓励孩子，对他们说，你还真有两下子；

17. 告诉孩子们，父母永远是他们坚强的后盾；

18. 作解释时无比耐心；

19. 让孩子学会如何应对突发事件；

20. 向他们说，能够有他们这样的孩子是你人生中最幸福的事情；

21. 每天都对他们说你爱他们。

第三节　尊重男孩的隐私

　　曾经有一起公诉案轰动了整个美国。当时，新泽西某大学的两名学生设置监控摄像头，拍下了宿舍一名同性恋学生的私人生活，并上传到网络中，最终导致被摄像的男生自杀身亡。后来，陪审团一致认为该主犯有罪，并判处其10年监禁。

　　在美国，隐私权绝对称得上是一件大事，这个传统可是由来已久。早在英国殖民时期，美国人就已经意识到要用隐私来躲开英国国王的监视。后来随着宗教自由观念的深入人心，隐私权得到进一步加强。因此，美国成为世界上最早提出并通过法规，来保护隐私权利的国家也就顺理成章了。1974年美国通过了《隐私法案》，其中明确规定了政府机构能够收集、储存或公开的个人信息包括哪几类，同时规定没有当事人的书面允许，政府不能向任何人或机构泄露任何当事人的相关信息。并且还规定美国公民和永久居民有权利向政府提出要求，看他们究竟收集了自己什么样的信息，如果这些信息不够准确，政府必须根据本人的合理要求予以更正。随后，1986年美国又补充颁布了《电子通讯隐私法案》，1988年出台《电脑匹配与隐私权法》及《网上儿童隐私权保护法》。

　　孩子的隐私权向来被美国父母所关注，因为他们十分清楚，孩子并不是家长的附属品，而是一个具有独立人格的个体，因此尊重孩子的集中体现，就是对于孩子隐私权的尊重。依照美国的法律，如果侵犯儿童的隐私权，将会遭受十分严厉的惩罚。2009年，一位名叫伊丽莎白·斯瑞雪的女士，就因将一名17岁女孩的个人资料公布到网络上，而被以"网络霸凌罪"提起诉讼,她面临的刑期最高可达4年。

很多美国州立大学在开学前,教师都会接受专门的法律培训,其中一项重要内容就是保护孩子的隐私。他们会被告知:向除学生本人以外的任何人泄露学生成绩是违反联邦法律和学校规定的,这包括在公共区域张贴成绩单、将成绩单置于公开区域供学生取走,以及在学生中间传递有分数的试卷或作业。因此,大多数教师的做法都是亲手将作业逐一交给学生。

桑切斯是第一代墨西哥移民,即便已经在美国生活了近20年,仍旧带着浓重的墨西哥口音。至今为止,他最自豪的一件事情,就是供养自己的儿子进入南加州大学学习。但有一件事情让他十分为难,就是自从孩子进入大学后,从未和他讨论过自己的学习情况,对于学习成绩更是只字不提。这让桑切斯十分沮丧,他认为只有获得高学历,才能在美国立有一席之地,所以对孩子的学习成绩十分看重。

在孩子期末考试后,桑切斯终于忍不住了,他拨通了孩子教师的电话。"您好,我是克里斯汀,您是哪位?"教师的声音从电话里传来。

"你好,我是卢比奥的父亲,我想询问一下卢比奥在校期间的学习成绩。"

在桑切斯看来这是一个极其合理的要求,但电话另一边的回答却让他大吃一惊。"对不起,根据联邦法律和学校规定的要求,我们不能向除学生本人以外的任何人公布学生的私人信息,请您见谅。"

"可我是他父亲,我花钱让他上学,就有权利知道他的学习成绩。"桑切斯开始生气了。

"如果您想知道卢比奥的学习成绩,必须通过他本人的许可才行。"

"他已经许可了,所以我才给你打电话。"桑切斯撒谎道。

"学校规定必须书面许可才行。你可以将他的书面许可邮寄或传真到学校，然后我才能告知您孩子的学习成绩。"

无奈之下，桑切斯只好打消了从教师那里询问成绩的主意。其实，这正是很多家长最容易犯下的错误之一。四处打听孩子的成绩，或询问教师，或询问同学，但有一个共同点，就是一切行为都是背着孩子进行的。父母必须认识到，打听孩子的学习成绩并不能让其变得更好，反而会让孩子感到自己的隐私被侵犯，得不到足够的尊重。每个孩子都有丰富的内心世界，而隐私就存在于这个世界的最深处。很多教育家都有一个共识，即尊重孩子是教育孩子的前提，没有尊重，就谈不上教育。男孩尤其如此，对于那些随便翻看自己日记、打听自己私生活的父母，他们也会对之失去信任。

回到刚才那个事例，在询问教师无果后，桑切斯终于做出了一个正确的决定：直接去询问卢比奥。与父亲不同，卢比奥生于美国，经过十几年的耳濡目染，他已经完全接受了美国式的思维方式。卢比奥平时十分注重自己的隐私，但面对父亲的提问，他并没有什么隐瞒，说道："还可以吧，有几门课程得了B，但构造学、建筑管理学、环境学和岩土工程学几门课都是A。这几门课程对我的专业都十分重要，所以我也格外用心。另外，我打算下学期去一家公司实习，提高一下自己的实践能力，简历我已经投递几份了，正在等待对方的回应。"儿子的回答让父亲大吃一惊，桑切斯心想：原来儿子已经是个大人了，自己的事情完全可以做好，再也不用我操心了。

其实，男孩从幼稚逐渐走向成熟，独立思考的能力逐渐加强，因而无一例外会有自己的隐私。父母对于这些隐私最好的办法，就是选择信任孩子，让他们有机会自己解决生活中所遇到的问题。而这种信任，也会极大提升男孩的自尊心，并帮助他形成独立的见解。父母只有与男孩建立起一种相互尊重、相互信任的关系，男孩身上所蕴藏的巨大潜能，才能被最大限度地激发出来，这也将有利于男孩健康、快乐、迅速的成长。

第四节　公平地对待男孩

典型的美国家庭是什么样子？看看如今风靡美国的电视剧《摩登家庭》，你就能够有个清晰的概念了。简单来说，就是一栋房子，一个庭院，一对夫妻，两三个孩子。大多数美国人都不愿意让孩子太过孤单，因此会选择生育二胎甚至三胎，但当一个家庭出现多个孩子的时候，问题也就随之产生了。

当父母面对年龄不同、性格各异的孩子时，最重要的一点就是要平等地对待每孩子们。也许父母会将更多的精力放到照顾最小的孩子身上，这无可厚非，因为他们相信年长一点的孩子能够自己照顾自己。而这里所讲的平等对待，是指在教育孩子时应该保持尺度的统一和标准的一致。

格伦是三个男孩的父亲，其中里德和卡托已经上到8年级了，而最小的麦斯利则刚上4年级。有一次里德由于参加同学聚会，晚上10点半才回到家里，而格伦为三个孩子规定的宵禁时间是10点，但看在里德只是偶尔犯了一次错的份上，格伦决定睁一只眼闭一只眼，没有惩罚违反宵禁的长子。当时的这个举动看起来并没有什么问题，但一个月之后麻烦就出现了。一天，小儿子麦斯利在朋友家玩得兴起，忘记了时间，也是过了宵禁才回到家里。出于对孩子的安全考虑，同时也让其他两个孩子吸取教训，格伦决定惩罚一下麦斯利违反宵禁的行为。但还没等他把话说完，小儿子就抢着说道："这不公平，上个月里德也违反了宵禁，可你并没有处罚他啊？"

听到这句话，格伦才意识到上次自己行为的后果，原来当初的决定并不是爱护孩子，而是为孩子们留下了一个错误的印象：犯了错，不一定会受到惩罚。现在棘手的问题出现了，如果继续容忍小儿子的错误行为，那家里的宵禁规定就成了空谈；可如果惩罚小儿子，又肯定不能让他信服。这可怎么办才好呢？

格伦一时之间有些不知所措了，但家长盲目的尊严让他有些着急上火，于是草率地说道："不要管里德，现在讨论的是你的问题。你必须为自己的行为受到惩罚，这个周末你将被禁足。"听到他的话，小儿子的脸上立刻挂起一幅失望的神情，眼里噙着泪水回到自己的房间里。

回到卧室里，妻子对格伦说道："今天你的处罚方式真是糟糕透了！""我还能怎么办？如果再不处罚违反宵禁的行为，那么宵禁就会变得毫无约束力，以后还怎么教育孩子。"格伦赌气地说道。话是这么说，但这天晚上，格伦却辗转难眠。他一直在思考一个问题，即作为家长，是维护自己的威信重要，还是树立起公平的形象重要。

第二天，全家人一起吃早饭，可餐厅里的气氛却十分沉重。小儿子闷不作声，一脸不高兴。里德和卡托也没有了往日的说笑。此时，格伦突然意识到自己所犯错误的严重性，这根本不是维护家长威信和树立公平形象的取舍问题，如果孩子对于处罚不能心服口服，又如何能维护父母的威信呢？想明白这个问题，格伦感觉自己一下子豁然开朗了。于是，他当着孩子的面说道："麦斯利，我想了一下昨天对你的处罚决定，觉得自己太草率了。"父亲的话让小儿子大吃一惊，他不由得抬起眼睛看着父亲，问道："那么我周末还会被禁足吗？""你能够保证下次按时回家吗？""可以，我不会再犯这种错误了，我保证。"小儿子说道。看到小儿子已经从这次错误中吸取了教训，格伦觉得到了适可而止的时候了，于是他对麦斯利说道："既然你已经认识到了自己的错误，那这次就不再处罚你了。但是麦斯利，你一定要记住今天对我做出的保证，如果再有下次，一定会被禁足。"然后又向另外两个孩子说道："你们两个人也是一样，如果下次再有人违反家里的宵禁规定，一定会受到处罚。"里德点点头，说道："我会按时回家的。"卡托也跟着保证道："我也是。""那好，现在吃饭吧，一会儿你们还要去赶校车呢。"看着三个孩子脸上的愁云终于被拨开，格伦知道一场危机就这样被化解了。三个孩子肯定会记住这次教训，而他也会记住自己的教训：任何时候，公平对于孩子来说都是至关重要的。

从格伦教育孩子的故事中，我们也可以获得一些启发。父母在孩子的心中应该树立起公平公正的形象，这将有助于孩子公正态度的形成。如果孩子感到你有偏心，那不仅不利于亲子间的沟通，更会妨碍孩子的心灵塑造。

因此，在教育孩子时，我不建议父母对孩子说以下这些话，因为无论在什么情况下，这些话都会显得不合时宜。

1. "你是哥哥，应该让着弟弟。"解决孩子之间的争端，最重要的原则就是公平。任何强制一方迁就另一方的要求，都会引起孩子间的相互记恨。

2. "这个玩具是哥哥的，你去玩自己的。"这种说法只能在孩子心中建立起明确的分界线，长此以往，孩子将失去"分享"的意识，同时关系渐渐变得疏远。

3. "谁听话谁就是好孩子。"这句话只能刺激孩子掩饰自己的真性情，为了讨好家长、获得利益而伪装自己。这将不利于孩子正直品性的养成。

4. "谁又欺负你了,明天我就找老师去。"孩子应该养成自己解决问题的能力,而上面的这种说法对此毫无益处,只能增加孩子对家长的依赖性。况且,孩子之间的摩擦只是小事,家长最好不要随便小题大做。

5. "让阿姨看看你有多不听话,看我一会儿怎么教训你。"对待孩子的奖罚,应该坚持公开奖励、私下惩罚的原则,这样才能维护好孩子的自尊心。

第五节　与男孩平等沟通

在美国,不仅家庭教育十分注重维护孩子的平等地位,学校教育亦是如此。我曾有幸前往圣路易斯的两所学校进行参观,一所小学,一所中学。给我印象最深的就是这里孩子的主动性。在学校里,他们仿佛就是学校的主人,校园里的一切辅助工具都是为他们服务的,这与国内的家长制教学完全不同。

举个例子,我在参观当地一所小学的图书馆时,最直观的感觉就是这里图书馆的规模要比国内学校大得多,里面的图书按照文学、科学、历史、自然等类别进行区分,虽然是小学,但学生也可以在此读到十分丰富的读物。图书馆的地面也不像国内大多数学校所采用的水泥地面,而是铺着厚厚的地毯,学生在图书馆内读书时,既可以选择坐在书桌前,也可以选择坐在地毯上。虽然时至今日仍然没有一个科学证据可以证明,铺地毯的小学图书馆要比水泥地面的图书馆更能吸引学生,但在我看来,这种更加随意的、非正式的氛围往往更能引起小学生的阅读兴趣,也更加贴近孩子的本性。在图书馆的墙壁上,张贴着许多学生的绘画作品，在各种色彩的渲染下，图书馆早已没有了国内那种死气沉沉的氛围。当我站在图书馆中时，能够真切地感觉到这里教职人员的敬业精神，在这个图书馆中，每一个细节都透露着这样一个信息：这是为孩子们准备的，他们才是这里的主人。反观我们国内的许多校属图书馆，呆板的布局、陈旧的藏书、沉着脸的管理员，几乎让所有学生望而却步，而这样的图书馆也只能最终沦为一种形式，一根鸡肋。

美国小学的教学安排也与国内有着很大的差异，一般来说，美国小学的课程包括数学、英语、社会调查、科学、阅读、生理、美术、音乐和体育。仅从课程设置上，我们就能够看出美国教学与国内教学的区别。美国的学校教育更加注重学生的动手能力和实践能力，如在科学课上，经常会让学生亲身参与试验，体验科学的乐趣；社会调查课也会布置很多的开放式作业，让学生充分发挥自己的能动性。在美国，美术、音乐和体育也绝不仅仅是副科，它们的地位几乎与数学、英语相当。数学课应该说是与国内教育区别最大的课程了，在美国的小学中，数学课的内容仅仅包括简单算术和基础代数，这与国内到处滋生的奥数班形成了鲜明的对比。从本质上来说，这种区别源于教学理念的不同。美国教育认为，小学是培养学生兴趣的阶段，在学习基本知识之外，无须加入更多的内容；而中国的教学则是将大量初、高中的知识灌输进小学生的头脑里，其实许多奥数题甚至大学生都无法解开。此时的小学生，无论是从心理上还是生理上，都没有做好接受这些更高级知识的准备，因此对他们而言（除了极少数的学生），奥数只能成为他们的负担，严重点说，这种负担很可能影响孩子的一生。我认为，课程安排应该以学生为主、一切教育内容和形式都应该围绕学生展开，只有在学校中为学生搭建一个平台，真正实现学生与教师之间的平等沟通，才能让学生成为学校真正的主人，从而培养他们的学习兴趣和求知欲望。

美国的学校十分重视对学生自主性的培养，因为这是日后他们走入社会的重要生存技能。在学校里，教师会鼓励每一名学生发表自己的看法。在我旁听的几节课中，学生发言都占据了教学时间的一大部分。在来美国之前，我经常听人说美国课堂不需要举手，学生在座位上就可以直接发言。但事实却不是这样，美国的小学生同样十分注意课堂纪律，在教师讲课时几乎鸦雀无声，但在小组讨论或自由发言时则会充分参与其中，这与国内随着年级升高发言积极性反而降低的情况迥然不同。在学生讨论或发言时，美国的教师通常很少打断他们，只是在一旁观察着每一名学生，同时记录下他们在讨论或发言时的表现，而这种记录绝不是草草了事，他们记录得十分具体，并且会在记录后面为学生打分，这些分数就是期末评分的重要内容。

美国式学校的家长会也与国内存在明显的区别。在国内，家长会几乎是教师的一言堂。教学地位决定了教师成为家长的家长，在会上，他们谈论的内容也只有一个，那就是学生成绩：哪些学生有了提高、哪些学生出现退步、全校成绩排名、优秀率和及格率……然后家长再将会议内容反馈给孩子，成绩好的进行表扬，成绩糟糕的大骂一顿。在这种教学体制下，孩子很难感受到成就感（个别成绩优秀的学生是例外），因为他们总是处于"食物链"的最底层。见惯了中国式的家长会，再看看美国式的家长会一定能让你大吃一惊。在美国，家长会更像是一个听证会和谈心会的综合体。先来说说听证会，这个说法可能有点危言耸听，但在家长会上，教师的首要任务就是了解学生的家庭情况。这包括学生家庭成员及其经济状况，如学生来自美满的家庭还是单亲家庭、家里是银根紧缩还是小康之家等；家庭环境，如家人是否能和睦相处、家庭氛围是否亲密互信等；家教状况，如对孩子是溺爱放任、粗暴严厉还是不闻不问，教育方式是否得当等；以及家长的文化水平、职业、性格和处世态度。通过这种调查，教师便可以在心中为每名学生建立起一个家庭档案，并根据学生的不同情况制定出更有针对性的教育方法。同时，详细了解学生的家庭情况，也会有助于进一步了解学生本人，以及他们在成长阶段遇到的各种困难，只有充分了解自己的学生，才能帮助他们更快更好地成长。再来说说谈心会。美国的家长会形式不像国内的家长会一样死板，一律由教师在讲台上喋喋不休。在美国，家长会经常会以互动的方式展开，在会上，教师和父母会共同讨论教育孩子的难点、学生出现的问题，以及如何调整教学方法等，甚至有时连学生也可以在家长会上发表自己的观点。此时，教师仿佛成了会议的主持人，并努力为家长和学生搭建起互相交流的平台，也只有这样，才能真正听到孩子的心声。

如果从宏观角度来看中美两国的教育制度，任何专家都很难给出一个孰优孰劣的评判，因为两种教育体制互有所长，并且都培养出了无数优秀的人才，但仅从对学生的尊重这方面来看，美国式学校的做法显然值得我们学习和借鉴。

3

Chapter

第 3 章

独立与自主

美国第16任总统林肯在南北战争的最艰难时期，曾对反对者发表过一段著名的讲话：

> 诸位先生，我想让各位来做一番假设。假设你所有的财产都是黄金，而你把它交付给著名的走钢丝表演者伯罗丁，让他带着黄金沿着绳索前往尼亚加拉大瀑布的另一边去。当他行经瀑布之上时，你会不会动摇绳索，或者不断地对他叫喊，"伯罗丁，再将身子放低些，再走快些！"不会，我确信你不会。你会平心静气，肃立一旁，直到他安全走过绳索。现在政府亦复如是，它正背负着极大的重量，越过波涛汹涌的海洋。数不尽的财富掌握在她的手中，她正竭尽全力去争取胜利。请勿打扰她！只需保持沉静，她便能带你安然渡过。

现在让我们也来做一番假设，假设父母就是那些将所有希望寄托在走钢丝表演者伯罗丁身上的人，而孩子正是那位手握黄金的伯罗丁。每一位父母都希望孩子能够顺利成长，并最终成功走向绳索的另一方——现实社会。伯罗丁手中的黄金就是我们对自己孩子的期望，我们将这些财产毫无保留地献给孩子，希望帮助他们顺利走上成功之路。但请不要忘记，绳索只能由走钢丝者自己来完成，而我们这些为人父母者，只能成为旁观的人。

正如一位教育家所言："在孩子的人生舞台上，他们才是演员，家长只是观众。如果他们表演得很好，请给予鼓励；如果他们表演得不好，请少安毋躁，让他们继续表演下去，因为只有在不断地亲身实践中，他们才能继续生长。"

因此，在孩子的成长过程中，请各位父母安心做一次观众，用自己的身居幕后，培养他们独立的品性。

第一节　让男孩自己做出决定

父母对孩子的爱永远是无私的，但有时候也会陷入过犹不及的歧途。当孩子面临抉择时，很多父母都会想：这么小的孩子，哪里懂得做什么决定；或者为孩子即将做出的决定感到担心，害怕他们没有能力面对挑战和困难，最终遭遇失败。因此，这些父母开始干预孩子的选择，甚至代替他们做出决定，殊不知这种"帮助"是孩子最不需要的。尤其是男孩，从小面对的各种抉择，正是他们进入现实社会前的历练，是取得成功的必不可少的前提。

在男孩的成长过程中，无时无刻不在面临着抉择。这些抉择各种各样，有的十分容易，比如每天早晨都会做的心理斗争，是早点起床吃早餐，还是晚点起床直接去赶校车；有的却十分艰难，比如选报大学专业时，是为了生活而选择法律，还是为了兴趣而选择文学。不同的抉择很可能通往迥异的结果，但请各位父母谨记，无论结果如何，男孩都将学到人生中的重要课程：当做出选择而获得成功时，他们将享受到生活的乐趣；而做出选择却遭遇失败时，他们也会收获难得的经历和教训。学会选择，是男孩成长的一部分。父母不可能永远站在孩子身旁，用自己的翅膀庇护孩子，他们终有一天要离开父母，独自走上社会。与其那时候再为毫无经验而付出惨痛的代价，不如让他们从小就学会如何做出选择。

埃克·贾非是我在美国走访的一位"成功父母"，在美国，学校喜欢将在家庭教育中取得成功的父母作为典型，而埃克正是当地社区的典型。他与妻子共养育了四个子女，对于让孩子自己做出决定一事，他很有发言权。埃克说："我一直为我的孩子们感到骄傲，他们每个人都找到了属于自己的奋斗目标，并为之不懈努力。当然，他们也有迷茫的时候，每当遇到这种情况，我就会让他们冷静下来，理清纷乱的头绪，想一想得失，然后做出自己的决定。是的，一切决定都是由他们自己做出的。"

埃克还为我举了一个例子。他的儿子吉尔曼高中毕业时，由于成绩出色，有多所院校同意了他的申请。对于如何取舍，吉尔曼也曾向他征求意见，他给出的答复是："这是你自己的事情，我相信你可以做出正确的选择。"

请不要误会，这并不是埃克在敷衍儿子，正如一位教育家所说："孩子随着自己年龄的增长，可能开始逐渐意识到要自己处理问题。但他们可能由于阅历不足，经验也不是很丰富，所以感到不知从何下手。这就需要家长指导孩子，教育孩子学会做正确的决定。"而埃克所扮演的，正是这种人生导师的角色。

埃克没有让儿子急于做出决定，而是带着他前往每个接受申请的学校去进行亲身体验。埃克告诉吉尔曼，要用自己的眼睛去观察，用自己的心去体验，用自己的头脑去判断。他们从一个学院走到另一个学院，又从一所大学走到另一所大学，吉尔曼享受着这次大学之旅，同时也在仔细观察和比较着这些大学。一个星期后，他终于得出了自己的结论。

一天晚饭的时候，吉尔曼当着全家人宣布："我已经做出了决定，选择宾夕法尼亚大学作为我人生的下一站。"接着他开始详细阐述自己选择这所学校的理由：首先，宾夕法尼亚大学的人文和社会科学都是全美知名的专业，而吉尔曼的兴趣点恰好就是人类学。宾夕法尼亚大学重视实践与创新的教学理念又恰好与他的求学态度相一致。其次，作为将人类学当成自己主修专业的人，十分看重多元文化的融合与比较，吉尔曼在对几所大学的调查中，发现宾夕法尼亚大学有近2/5的学生有亚洲、非洲或印第安文化背景，而在去年招收的新生中，也有超过1/10的学生为海外留学生，宾夕法尼亚大学的这两项数据都要远远高于其他学校。此外，宾夕法尼亚大学对人类学的重视及取得的成就，也是促使吉尔曼最终选择她的原因之一。在宾夕法尼亚大学中，甚至有专门的考古与人类学博物馆，其中大量关于古埃及的文物更是让吉尔曼迷恋不已。因此，吉尔曼最终选择了宾夕法尼亚大学。

听着儿子在饭桌前侃侃而谈，埃克着实为这次大学之旅感到高兴，他庆幸自己又做出了一个正确的决定。正如教育家泽瑞·乔丹所言："给孩子自己做事的机会，你将为你孩子的勇于接受挑战而惊奇。"

当你家的男孩遇到困难，面临艰难的抉择时，你会如何处理？是越俎代庖还是听之任之？两者当然都不是最好的选择。每当你遇到这样的窘境时，请仔细回味一下美国作家、律师拉尔夫·纳德的这句话："你可以是一位提供挑战的人，也可以是帮助孩子面对挑战时的智囊团，或者只做孩子接受挑战时的休息站。"是的，成为孩子的依靠，却不要喧宾夺主，这是孩子自己的生活，理应由他自己做出决定。

在这里，我还想与各位父母分享一些教育孩子时容易出现的误区，在男孩的成长过程中，有三种家长是做不得的：

1. 代办型家长。这种家长无论大事小事，都会代替孩子做出选择。这种做法看起来是在保护孩子，其实却是在伤害孩子。这种做法剥夺了孩子的自主权和独立性，让他们与现实世界完全隔离，失去了在学习中成长的机会，也失去了进入现实社会最重要的钥匙。

2. 不闻不问型家长。与前一种家长相比，这种家长更为失败，他们整日里忙于各自的事务，或寓居海外，或彻夜工作，总之对孩子关心太少，任其"野蛮生长"。孩子在成长的过程中，将面临无数的选择题，但由于阅历尚浅，难免会做出错误的决定。此时，这是父母趁机教授孩子社会经验的最好时机，却白白浪费，实在可惜。

3. 金元型家长。这种类型的家长介乎于代办型家长和不闻不问型家长之间，他们关心孩子的成长，但这种关心的形式却过于单一，因为他们相信金钱可以解决所以问题。而事实上，金钱能够解决的问题只存在于外部，对于孩子内心的成长却毫无益处。中国有句老话："富不过三代。"其原因也正在于此。

第二节　容忍男孩的异想天开

只有短短二百余年的历史，却成就了当今世界上最为富裕强大的国家，美国的迅速崛起绝非偶然。我想，其中一个重要原因，就是美国的社会教给了她的子民如何走上创新之路，敢于尝试新鲜事物，从而获得意想不到的成功。

也许你会对我的话不以为然，但请不要急于否定，让我们先来看几个例子：

美国《独立宣言》的作者本杰明·富兰克林只受过两年多的正规教育就辍学了。但他经过坚持不懈的努力，不仅最终成为了一位思想家、哲学家和外交家，更是一个有多项发明的科学家和创造家。

美国最伟大的总统之一林肯，只正式上过一年学，此后一路都是靠自学，最终当上律师，成为总统。

美国第一位百万富翁阿斯特，在高中时就退学，通过做皮毛生意和房地产等，成为最早的美国富翁。

举世闻名的美国发明家爱迪生，只正式上了三个月的学。可他发明了留声机、电灯、电话、电报、电影等等，一生的创造发明达到两千多个，而且在建筑业和矿产业等有自己独到的见解。他的发明创造，对人类文明发展的贡献是完全无法用金钱计算的。

美国迪士尼乐园的创办人沃特·迪士尼，16岁就从高中退学，服役期满后，他开始写剧本、拍电影，然后创办了迪士尼乐园。

福特汽车公司的创办人亨利·福特，只在乡下读过几年书……

类似的例子数不胜数，据统计，美国年平均发明创造量要远远超出世界上的其他国家，之所以会形成这种现象，与美国教育中鼓励创新、不排斥异己的风气息息相关。在美国的俗语中有这样两个词，一个是"学术精英"（school smart），另一个是"街头精英"（street smart），这两个词没有所谓优劣之分，它们都是褒义词，只是后一种有些独辟蹊径的意味而已。

其实现实生活中有许多人，根本不适合成为"学术精英"，反而"街头精英"更加适合他们，让他们感觉到如鱼得水。这些人里，包括前微软总裁比尔·盖茨，他只读了两年哈佛就决定退学；微软的另一个创办者保罗·艾伦，在华盛顿州立大学就读两年后退学；苹果公司总裁史蒂夫·乔布斯，仅在大学读了一个学期便决定退学；谷歌的创始人谢尔盖·布尔和拉里·佩齐，他们双双放弃斯坦福大学的博士学位。

在美国，居然能有如此多的学生，甘心放弃令所有人羡慕的名校生活，依靠自己的努力实现人生目标，这既是出于他们的异想天开和勇于进取，同时也绝对离不开父母对他们的认可，以及无以复加的信任！因为这些从小就听着"美国梦"故事长大的父母，深知成功的方法并非只有一种，让孩子依靠自己的兴趣和努力，去开创一个属于自己的事业，也许真的可以诞生奇迹。

正是在这种开放式教育理念的熏陶下，童话一般的"美国梦"才能在这片充满机遇的土地上反复上演。

这一天，世界闻名的哈佛大学出现了两位青年人，一位名叫马克·扎克伯格，一位名叫乔·格林。他们像同年龄段的所有青年人一样，有着叛逆的性格，对未来充满幻想。他们突发奇想，认为学校里的学生信息应该公布在网络上，于是建立了一个网站，希望能够获得学校同意，使用该校的学生信息。在这一要求被学校否决后，两人"黑"进学校的网络服务器，盗取了所需要的信息。他们建立的网站在哈佛校内迅速蹿红，并很快走出校园。

当他们的行为被校方发现后，两人都收到了学校的警告，并通知他们随时有可能被开除学籍。但扎克伯格没有理会学校的警告，从自己建立的网站中，扎克伯格看到了巨大的商机，看到了一条通往成功的道路。而此时，学校则成为了对他缚手缚脚的枷锁。渐渐地，他开始有了一个想法：离开学校，专心从事社交网站的建设。虽然扎克伯格的家长很难理解他的这个想法，但在激烈的思想斗争之后，还是决定支持扎克伯格的选择，因为这是他的梦想，况且他们相信自己孩子的能力，是金子放到哪里都会发光。

扎克伯格又邀请他的好友乔·格林与他一起退学，但被拒绝了。原来格林的父亲是一位教授，当他得知自己的孩子被哈佛处罚，并很可能被开除学籍后，严厉地批评了格林，并要求他从此"认真做人"，完成在哈佛的学业。迫于父母的压力，格林最终放弃了与扎克伯格一起创业的机会，开始专心于学业，并在几年后从哈佛毕业。

后来的事情大家都知道了，扎克伯格建立了风靡全球的脸谱网，该网站成功上市，市值高达一千亿美元。但在扎克伯格身价暴涨的同时，格林却因为当初一个错误的决定，至少损失了四亿美元，而他的行为也被诸多媒体定义为"犯下四亿美元的错误"。当听到这个评价后，恐怕格林的父亲也会为自己当初的决定后悔不已吧。

第三节 打工让男孩迅速成长

在美国，培养孩子的独立性向来是家庭教育的重中之重。甚至在未有宝宝之前，美国家庭就会准备出一个只属于孩子自己的房间。也正因如此，美国的小孩从很早的时候就开始与父母分房睡觉，以此来锻炼独立生活的能力。

在孩子的成长过程中，美国家长对于孩子独立性的培养也时刻没有放松，一般说来，他们会按照孩子的年龄分配不同的工作，以便加强他们的自理能力。比如，2岁的孩子可以自己穿衣服，以及将餐巾摆放到桌子上；3岁的孩子可以自己拎包、收拾玩具，以及帮助父母摆放餐具；5岁的孩子已经有能力与父母一起打扫门前草坪；6岁的孩子可以独自给宠物狗喂食，并帮助父母清洗汽车；7岁的孩子则必须学会整理自己的床铺，每周定时打扫房间和吸尘；8岁的孩子可以制作简单的餐食……只有持续强化孩子的动手能力和工作能力，才能最终使其养成依靠自己的双手，过上独立生活的能力。

独立生活的能力对于男孩来说尤为重要。因为在现实社会中，男性往往需要承担起更加沉重的生活负担，此时，独立生活能力强的男性就会在激烈的社会竞争中脱颖而出，成为佼佼者。虽然随着文明的进程，人类早已摆脱了自然界茹毛饮血的野生环境，但适者生存的法则却从来没有消失。在竞争越来越激烈的现代社会里，优秀的男人一定会是那些能够依靠自己的双手创造未来的人。

正是因为看到培养孩子独立生活能力的重要性，美国社会才会如此鼓励孩子从学生时代起就开始外出打工。联邦《劳工法》甚至还有专章涉及未成年人打工的相关法规，并规定了青少年打工的最低工资标准和相关福利。美国社会也对青少年打工十分重视，成立了青少年职业培训中心（简称YEOP），提供短期的职业培训，来帮助学生找到适合自己的工作。如今，美国学生打工已经成为一种文化，高中以后，很多学生就为了挣下更多的生活费，同时也为了向父母展示自己的独立能力，而纷纷外出打工。

一般说来，女孩更喜欢做保姆和餐厅服务员之类的工作，而男孩则更倾向于一些需要体力的工种。如洗汽车，打工的男孩均会穿上统一的服装，一般为蓝色的衣裤和紫色的帽子，几个人分工合作，有刷洗的，有上蜡的，动作既熟练敏捷，又井然有序。此外，快餐业也是中学生打工最集中的地方之一。像麦当劳这样的连锁店，几乎全是中学生在从事收款、上菜、洗碗等工作。

约什·克里本是米尔顿的一名普通中学生，像许多同学一样，从15岁起就开始加入到打工的队伍之中。但与同学们纷纷选服务员、保洁员等工种不同，他独辟蹊径，做起了为宠物洗澡的工作。

约什本人就十分喜爱宠物，有时候父母工作忙，清洗工作就会由他来负责，有一天，约什突发奇想，他认为由于工作而无暇顾及清洗宠物的人绝不仅仅只有他的父母，于是他开始询问邻居，并很快收到三个订单。这次小小的成功让约什信心大增，并开始在临近社区里扩展业务。随着订单的越来越大，他的生意也越来越好。第二年，约什已经在网上注册了自己的宠物洗澡店，并雇用了同校的几个同学，当起了老板。他们的业务包括上门为宠物洗澡和在店里为宠物洗澡两种。对于未来，约什也有他自己的规划，他希望能够将单一的为宠物洗澡业务扩展为宠物美容，虽然没有专业宠物美容店做得那样好，但价格低廉就是他最大的优势。

对于约什的表现，他的父亲莱维科感到十分自豪。他说道："约什从小就是一个十分独立的孩子，即使遇到困难，也不会轻易求助于别人，总是会自己想方设法解决问题。"很多人担心打工会分散孩子的精力，出现成绩滑坡的现象。但莱维科却并不这样想。他说道："我认为学校不应该只是学习专业课的地方，更应该是学习如何在社会中生存的地方。孩子上学的目的，也不仅仅是为了考上大学，而应该是走上社会。据我所知，再没有什么方式，可以比打工更能让孩子认识社会、亲身体验生活了。"

社会是现实的，我们应当允许孩子有机会接触生活的各种侧面，并学会如何对付它们，而不是将他们与社会隔离开来，用我们的希望操纵现实。正如一位美国教育家所说："如果要孩子独立，便得教导他们怎样工作、竞争和取得成就。你可以提示他怎样把工作做好，但切勿代替他做，也不要说你可以比他做得更好。"

以下为美国一些较为热门的打工工种及工资情况：

1. 超市送货员和包装员，每小时4~5美元；

2. 保洁员，每小时15美元；

3. 家庭保姆，每小时5~10美元；

4. 打字员，每页3~5美元；

5. 宴会服务员，每小时10美元；

6. 维护花园和草坪，每小时10~15美元；

7. 家教，每小时10~15美元；

8. 同城快递，每小时10~15美元；

9. 宠物看护，每小时10~15美元；

10. 餐厅服务员，每小时5~10美元。

如今，美国的高中生和大学生外出打工已经成为一种趋势，在打工过程中，男孩们不但可以切身感受到生活的压力，增强自己的责任感，更能迅速成熟起来，成为一名具有独立精神的个体。实际上，许多美国父母也正是将外出打工看成男孩走向独立的第一步，并且坚定地支持男孩们的抉择。这种做法十分值得国内父母借鉴。也许有的国内家长会说："我家里不缺钱，孩子好好学习就可以了，钱的事情不用他操心。"其实，让孩子外出打工根本不是钱的问题，重要的是在打工过程中增加男孩的生活阅历与工作经验。各位家长可以好好想一想，难道让孩子外出打工的那些美国家长，真的是因为缺钱才让孩子去打工的吗？

第四节　培养男孩独立思考问题

在美国，有一档名为《孩子说》的电视节目，这档节目之所以受人喜爱，既是因为孩子天真无邪的话往往能够惹人捧腹大笑，同时也能让观看的父母深思，怎样培养孩子才算是合格的父母。

在一期节目中，主持人比尔问一位七八岁大的女孩："你长大以后想从事什么职业？""总统。"女孩不假思索地回答，马上引起场下的一片哗然。比尔滑稽地做了个惊讶的表情，继续问道："那你说说看，为什么美国至今都没有一位女总统？"女孩天真地答道："因为男人不投她的票。"这句回答再次引起场下的一片笑声。比尔又说："你确定是因为男人不投给她票吗？"女孩不屑地说："当然确定。"接下来比尔对全场观众说："请投她票的男人举手。"伴随着笑声，不少男人举起了手。比尔得意地说："你看，有很多人为你投票啊。"女孩丝毫不为所动，说道："不是很多，还不到三分之一呢。"于是，比尔决定让全场观众再举手表决一次，这次绝大部分观众都举起了手。"'总统女士'，这次你满意了吗？已经有超过三分之二的人为你投票了。"此时场下的笑声都静止了下来，人们想听听女孩接下来会怎么说。只见女孩露出了一丝与童稚不相称的笑意，说道："他们不诚实，他们心里并不愿意投我的票。"这个回答让全场人目瞪口呆，然后就是一片掌声，以及一片惊叹。

这就是典型的独立思考。没有独立思考能力的孩子，就不可能有独立性，因此，从小开始培养孩子的独立思考能力就显得尤为重要。要培养孩子的独立思考能力，首先就要提供给孩子思考的机会，让他们去感觉，去思考，什么是对的，什么是错的；什么应该做，什么不该做。而这种机会，就应当从提问开始。

美国的父母十分注重培养孩子提问的能力，他们不会因为孩子提出幼稚或浅显的问题而埋怨孩子，反而会对他们加以鼓励，进一步刺激他们提问题的积极性。而在学校里，教师对每一名学生提出的问题——不管它有多么容易解答——都会认真回答；同学之间也不会互相取笑，因为他们认为提问是每一个同学的权利，而权利就应该被尊重。这样，家庭与社会就共同营造出一种自由提问的氛围，在这种氛围中，每一个孩子的求知欲和积极性都被极大地调动起来，结果也是显而易见的。美国学生还有着挑战权威的传统，他们善于做出独立的思考和判断，敢于提出新的观点和理念，即使事后证明是错误的，也没有什么，因为这只不过是一种尝试而已，而成功就是在不断尝试了多种可能性后最终形成的。

在我看来，从小鼓励孩子提问至少有三种好处。首先，通过鼓励发表自己的见解和观点，培养孩子的创新能力。其次，经过多次或成功或失败的尝试，让孩子掌握适可而止的度，正如尤金·乌思所言："问问你的孩子，用另外的办法能否解决他们的问题，或者问问他们能否达成妥协。"再次，在尊重他人的前提下，鼓励提问还可以培养孩子敢于挑战权威的勇气和能力。

独立思考能力对于男孩的重要性无须赘言，因此，要培养男孩的这一能力，除了鼓励孩子多提问，你还可以采取以下方式：

1. 不要直接告诉男孩结果，让他们自己寻找答案

孩子年龄小，遇到困难时自然会向父母寻求帮助。这时，聪明的父母就会利用这个机会，让孩子自己思考解决问题，这对提升孩子的智力水平和思考能力都很有帮助。比如，当电视中的动画片突然黑屏时，可

以让孩子尝试自己解决，是电源插头没有插好，还是不小心碰到了遥控器，关闭了电视机。即使孩子暂时还无法解决问题，父母也不用急于公布答案，耐下心来，慢慢引导讲解，但千万不要替代孩子解决问题。

2. 主动提出问题与孩子共同讨论

每当孩子提出问题时，父母都应该认真对待，但如果孩子不能主动提出问题，那父母就应该率先做出榜样，提出问题与孩子共同讨论。有一位美国父亲，会经常扮演外星人，向自己的男孩询问各种有关地球的知识，如"为什么有白天和黑夜的区别啊"、"为什么会产生气候和天气的变化啊"，等孩子长大些，父亲又带着孩子前往博物馆，照样提出许多有趣的问题。最终，这些问题让男孩对科学产生了极大的兴趣。这位男孩就是理查德·菲利普·费曼，他24获得博士学位，28岁担任美国康奈尔大学教授，47岁获得诺贝尔奖。

3. 鼓励孩子发表自己的意见

很多孩子出于害怕父母的责问，因而不敢轻易表达出自己的想法，这就要求父母必须为孩子营造出一种民主、和谐的家庭氛围。当孩子终于鼓足勇气，发表自己的意见时，即使是错误的，父母也应该让孩子说完，然后再耐心地给予指导。艾佛·马耶尔就是一位十分称职的父亲。有一次，一家人在客厅里看电视剧，11岁的儿子突然说道："这个剧情太老套了，我不用看情节都知道最后的结尾了。"听到儿子的评论，艾佛马上追问道："你怎么知道剧情老套？"儿子装出成人的语气说道："因为无论多危险，主人公总会活下来。"艾佛又问："那如果你是导演，会如何安排剧情？"接下来，儿子便开始滔滔不绝地讲起他的设想。

4. 为孩子讲述益智类故事

益智类的故事很多，包括真人真事和寓言故事。通过益智类故事，不仅可以让孩子对生活产生更大的兴趣，还可以锻炼孩子的思维能力，促进大脑的发育。比如有这样一则故事：一只小猫捉住一条小鱼，小鱼妈妈恳求小猫放过自己的孩子。小猫说："你猜我会吃了你的孩子吗？如果你猜对了，我就放了它。"小鱼妈妈想了一会儿，说："我猜你想吃掉我的孩子。"小猫兴高采烈地说："如果我将孩子还给你，你就猜错了，所以我现在要将小鱼吃掉。"小鱼妈妈立刻说："如果你想吃掉我的孩子，就表示刚才我猜对了，你就该信守承诺将孩子还给我。"小猫被小鱼妈妈的话弄得糊里糊涂，只好松了口，莫名其妙地让小鱼妈妈把孩子带走了。显然，通过这则故事，孩子不仅仅学到了善良、亲情等品质，更直观感受到了什么叫作逻辑思维能力。

总之，想要培养男孩独立思考的能力并不难，你只需花上一点点时间，找一个周末，邀请孩子的伙伴一起到家里来玩耍。当孩子到齐后，与他们一起玩猜谜游戏，推想答案。这种益智类游戏有助于锻炼孩子的推理、比较、概括的思维能力，促进大脑的发育。

第五节　耐心地对待男孩

小马特起床后，开始叠自己的被子，他叠得很慢，而叫他起床的母亲就站在一旁看着。母亲没有催促他，也没有嫌动作太慢而替他叠被子，因为母亲知道，只有从小事情上着手锻炼孩子的独立性，他才会在有朝一日真正成为独立的男子汉。

与女孩相比，男孩在生理发育上存在较大差异。我们都知道，人类的大脑分两个半球，一个半球负责语言和逻辑推理，另一个半球负责运动、感情，以及对时间、空间的定位。对于婴儿来说，大脑左半球皮质的生长速度比右半球皮质的生长速度慢，但女婴的雌性激素能够刺激大脑细胞的快速发育，而男婴就缺少这种天赋了，因此他们的大脑皮质发育会更加缓慢。当男孩的大脑右半球不断发育、完善后，将会试图与左半球建立联系。但由于大脑左半球皮质生长较慢，还没有做好与右半球建立联系的准备，导致右半球延伸到左半球的神经细胞无法进入左半球，只能再次返回右半球并建立连接。因此，男孩大脑右半球的内部连接发达，而与左半球的连接较少。

在医学上，我们将大脑左右半球之间的连接处称为"胼胝体"，其实质上是一个大型神经纤维束。而试验显示，男孩大脑中胼胝体的体积要小于女孩大脑的胼胝体，这就说明男孩两个脑半球之间的联系也要比女孩少。这也正好印证了在大脑发育过程中，女孩左右半脑发育较男孩更为平均的医学研究成果。

生理上的差异反映到行为上，就是男孩在初始阶段的学习能力要比女孩差。比如在一个班里，女孩的学习成绩往往较男孩更好，尤其是在语言方面，女孩的优势尤为明显。

如果父母明白了这个道理，就应该能够理解男孩的一些"不尽如人意"的缺点了。没错，男孩的发育要比女孩缓慢，他们学会爬行、站立和走路都要比女孩晚，对细微动作的协调能力也要更差，所以他们更需要耐心才能把被子叠好。男孩的语言能力也比女孩发育慢，因此学说话也要慢些。但父母一定要耐心，这一切都只是暂时的，随着年龄的增长，男孩在各个方面都会迎头赶上。

想要成为有耐心的父母，你可以参考以下几种方法：

1. 耐心解答孩子提出的问题

孩子对任何事情都很好奇，总会提出各种各样的问题。好问的孩子常常使大人觉得很麻烦，而且往往越小的孩子越爱提问，问题也越单纯天真。这些问题，对父母来说十分简单，有时甚至会很可笑，但对孩子来说却是他理解世界的方式。因此，父母决不能敷衍孩子，也不能简单粗暴地拒绝回答孩子的问题。敷衍和拒绝孩子的结果，就是扼杀孩子的好奇心和求知欲，所以在面对孩子提问时一定要耐心，以朋友的身份不厌其烦地解答，从而激发孩子探求世界奥秘的兴趣，养成善于观察和思考的习惯。

2. 耐心听孩子倾诉

教育学家霍姆林斯基说过："善于倾听孩子说话是一种了不起的教育艺术。"每个孩子都极有表现欲，无论高兴时，还是遇到困难时，孩子总是希望能引起父母的注意，希望父母能分享自己的快乐，或帮助自己解决困难。因此，父母必须学会耐心地与孩子交流，倾听孩子的心声，不要因为孩子打断了大人的事儿训斥孩子。要用"心"去听，而不只是用"耳朵"去听，我们要鼓励孩子交谈，引导他说出自己的想法。当孩子叙述时，不要打断他，同时要做出表示理解的表情使孩子明白，你在努力地理解他，从而使孩子愿意与你交流。这样持之以恒，孩子的观察能力、表达能力和思维能力会逐步提高。经验表明，一个人在孩童时代所掌握的知识、学会的技能是最不容易忘记的，这会让他终身受益。

3. 耐心指导孩子做完一件事

给孩子机会，就要耐心等待孩子发挥潜力。有些父母叫不动孩子做家务，干脆自己做；嫌孩子不会买东西，索性自己出门去买；认定孩子念不好书，帮孩子做作业。久而久之，孩子便养成了依赖父母的习惯，变得坐享其成。长此以往，孩子的积极性、主动性就会消磨殆尽。因此，父母应该指导孩子持续地进行一项工作，既有耐心，又有恒心，直到这项工作做完，再开始筹划另一项工作，从而锻炼孩子的独立能力和动手能力。

4. 当孩子发脾气的时候耐心开导

当孩子无理取闹时，首先要保持冷静，这的确很难做到，但父母越生气，孩子就可能哭闹得越厉害。因此，生气非但会于事无补，还会火上浇油。即使"粗暴"的镇压让孩子安静下来，也会伤害孩子的心灵，给他的自尊心造成巨大的伤害。因此，当孩子哭闹时，一定要耐心地开导。你可以蹲下来，让孩子说说自己发脾气的理由，再根据孩子的理由进行说理。也可以转移孩子的注意力，为孩子讲述一些有趣的故事。如果孩子变本加厉地哭闹起来，父母也不用一味哄劝孩子，可以进行冷处理，暂时不理他，等到孩子情绪平静下来再向他严肃地讲道理，让他明白，无论怎样哭闹，无理的要求也不可能得到满足。

5. 面对孩子的反复要耐心而不急躁

孩子由于自制力差，经常会控制不住自己，他们时而变得好一些，时而又变坏了，对此，父母要经常分析孩子出现反复的原因，一定要有足够的耐心，不能三天打鱼两天晒网。父母可根据孩子出现的问题，用鼓励性的语言提醒孩子，如"妈妈发现，以前的'小花猫'不见了，现在你也开始讲卫生了。妈妈相信你一定会成为班里最讲卫生的孩子"等等。当孩子有了进步，应及时进行表扬和鼓励。

教育和培养子女的问题是一个相当艰难、复杂和漫长的过程。父母只有了解孩子，理解孩子，并且有针对性地采用科学的教育方法进行耐心的教育，才能收到好的效果。

4
Chapter

第 4 章

责任与能力

　　每一个美国男孩都会记得这样一句话："能力越大，责任就越大！"

　　这句话并非来自哪位著名人物的名言警句，而是出自一部风靡美国的漫画作品——《蜘蛛侠》。与国内的漫画不同，美国的漫画并没有将知识性放在首位，而是着重培养孩子的社会责任感。纵观美国的漫画人物，无论是超人、蝙蝠侠、绿灯侠，抑或我们之前已经提及的蜘蛛侠，都是将社会责任感作为自己人生的第一目标，他们弘扬正义、对抗不公、扶危济困、保护弱小，用自己的行动告诉每一个孩子责任感的意义所在。

　　每当孩子们"贪婪地"看着漫画，将自己幻想成书中的英雄人物时，责任与能力的萌芽便已经悄悄埋进孩子的心中，只要有正确的教育指导，这些萌芽便会迅速成长，并最终融入男孩的性格之中，成为他今后步入社会、取得成功的宝贵品质。

　　对于男孩来说，责任与能力都是不可或缺的。能力决定了他能够走多远，而责任会约束他的能力，给予他看清道路的智慧，以及坚持到底的勇气，让他有能力避开生活中的歧路，始终沿着正确的道路前行。

　　美国总统林肯曾经说过这样的话："每个人都应该有这样的信心，人所能负的责任，我必能负；人所不能负的责任，我亦能负。"这句话很好地解释了美国教育的一个核心理念，那就是让孩子锻炼能力，从而肩负起更大的责任！

第一节　从小事中培养男孩的责任感

与其他许多可贵的品质一样，责任感也不是生来就有的，必须经过日积月累的不断强化，才能最终形成。因此，想要培养男孩的责任感，首先就应该从一些小事做起。

比如在日常的家务劳动中，以恰当的方法为男孩布置任务，将在很大程度上帮助男孩建立起责任意识。威尔茨太太在这方面就有自己的一套方法，她7岁的儿子和其他同龄男孩一样，一刻也闲不住，想要他们老老实实做家务，简直就是个不可能完成的任务。但威尔茨太太敏锐地察觉到儿子的爱好，他是一个十足的说唱音乐爱好者。于是，每当威尔茨太太给儿子布置诸如擦地板、晾衣服等家务工作时，都会播放儿子最喜欢的说唱音乐。节奏感强烈的音乐让儿子一下子忘记了家务工作的枯燥，擦地板和晾衣服也就变得不再那么乏味了。看着儿子一边哼着说唱音乐，一边卖力地干活，威尔茨太太的得意劲儿可就不用说了。

当然，要培养男孩的责任心，就必须有一个持续强化的过程。因此，为男孩布置一项有持续性的工作就显得尤为重要。

布鲁克已经上5年级了，他十分羡慕隔壁的好朋友麦道能拥有一只小狗做宠物。每天吃完晚饭，他都会跑到朋友家，和他一起去遛狗。看到这种情况，父亲埃文觉得这会是一个好机会，来让布鲁克懂得什么叫作责任。

一天吃早饭的时候，埃文对布鲁克说："你很喜欢小狗吗？"

"当然。"儿子答道。

"那你想拥有一只属于自己的狗吗？"

"想啊，但是去年我问你能不能买只狗做宠物时，你拒绝了。"儿子的回答中流露出些许失望。

"那时候你还小，不过现在你长大了，有能力照顾自己的宠物了，至少我是这样认为的。"埃文有意识地将话题扯到责任感上来。

"就是说我现在可以拥有一只小狗了？"儿子充满期待地问。

"是的。但你知道应该怎样照顾他们吗？"

"当然知道。它们要有自己的小窝，饿了的时候要吃饭，渴了的时候要喝水，每天还要带它们去散步。我每天都和麦道一起照顾他家的小狗。"儿子充满自信地说。

"照顾好宠物，要做得可不止这些呢。你还要定期给它们洗澡、做护理，陪它们玩耍，如果它们生病了，你还要负责照顾它们，这些你也能做到吗？"埃文问道。

"可以！"儿子斩钉截铁地说。

"那好，如果你向我保证能够做到这些，我就给你买一只小狗。"

布鲁克信誓旦旦地说道："我向你保证，一定会负责任地照顾好我的小狗。"

当天，埃文买来了一只狗仔，并在布鲁克放学后将它交给儿子。埃文对儿子说道："从今天起，这只小狗就是你的责任了。你要照顾好它，否则我会把它送回收容所去的。"

从那天起，布鲁克竟然真的开始照顾起这只狗仔了。当然，事情不会总是那么一帆风顺，比如某个寒冷的冬天傍晚，布鲁克会拒绝带小狗出去散步，原因是天气过于寒冷；或者当布鲁克玩得太累时，也会拒绝小狗的玩耍要求。每当这个时候，埃文就会提醒布鲁克他曾经许下的承诺，并对他说："你是不是想让我将小狗送回去？"这种提醒恰到好处，使得布鲁克能够始终承担起自己的责任。

美国教育家陶哈说过："培养责任心，就是要教育孩子对社会、对家庭、对自己所应承担的责任。而这种责任，只有经过不断持续的强化才能得以实现。"在家庭中，为男孩找到一件可以持续进行的任务，向他明确自己的责任，将有助于男孩责任心的提升。

培养责任心时切忌揠苗助长，应该为男孩布置符合其年龄段的工作。比如收拾房间对于成人来说都是一件费力的事情，因此，要是将这种工作交给年纪较小的男孩完成，只会增加他对这项工作的抵触情绪。而如果只让其收拾自己的床被、衣裤和鞋袜，就完全不同了。男孩足以胜任这种工作，只要稍加鼓励，便可以十分用心、干劲十足地工作了。

以下是一些适合各个年龄段男孩的工作，父母们可以根据具体情况加以布置：

4岁以下男孩能够胜任的工作：刷牙，协助父母叠衣服，收拾和整理自己的玩具。

4-5岁男孩能够胜任的工作：给植物浇水，摆放饭桌，取邮件和报纸，喂宠物。

5岁以上男孩能够胜任的工作：清理个人卫生，倒垃圾，清洗碗碟，整理床铺，清洁饭桌。

第二节　让男孩为自己的行为负责

在美国有一个尽人皆知的故事。一个11岁的小男孩不小心踢碎了邻居家的窗户玻璃，需要赔偿12.5美元。那是在1920年，当时12.5美元可是笔不小的数目，足可以买到125只生蛋的母鸡。可当孩子找到父亲拿钱赔偿时，父亲却这样告诉他："我可以帮你将所有钱付清，但这毕竟是你犯的错误，应该由你自己来承担责任。所以从今天开始，每逢周末和节假日，你必须外出辛勤打工，直到挣到所有赔款，并将这些钱还给我。"男孩同意了，经过半年的努力，他终于挣足了12.5美元还给父亲。这个男孩就是后来的美国总统里根。

美国的男孩从小就被养成具有独立的人格，从中衍生出来的一项可贵品质，就是要独立承担自己行为的后果，因为这既是进一步强化男孩独立性的要求，也是培养男孩责任感的重要一课。心理学家邓肯曾经说过："行为习惯一旦形成，它就要支配人的行为过程，影响人的精神面貌，要改变它是非常困难的。"因此，只有让男孩为自己的行为负责，而不是父母一味地庇护容忍，才能从一开始就养成有担当、负责任的品格。

美国学校十分注重对学生诚信品质的培养。曾经美国一所学校的多名学生在完成生物作业时抄录了某网站提供的一些材料，任课教师发现后，毫不客气地给这些学生打了零分。这位教师说，在她第一天上课时就和学生定下协议。协议说，教师布置的所有作业都必须完全由学生独立完成，欺骗或剽窃都将以零分处理。当时，这一事件曾被放到网络上供大家讨论，这位教师的做法得到了绝大多数人的支持，支持者的其中一个观点就是，培养一名诚实守信的公民远比通过一门生物课程重要得多。

多年前，亚利桑那州一所高中曾发生过一次震惊全美的事件。当时正值高中橄榄球联赛常规赛的收官阶段，该高中只要赢下最后三场比赛中的两场，就可以保证进入季后赛。橄榄球校队的队员们为了取得更好的成绩，也将更多的精力放到比赛和训练中来。但是，最让球员们头疼的，却不是训练中的艰苦，而是第二外语课的中期考核。这一次，共有包括队长库兰在内的5名队员需要参加西班牙语的考试，而以他们目前的成绩，除非放弃训练进行补课，否则很难通过考试。于是，库兰找到橄榄球校队教练马尔兰德，希望他能想想办法。而马尔兰德为了球队利益，居然设法偷出考卷，让5名队员合伙作弊。

然而，纸终究包不住火，校方在得知师生一起考试作弊后，开出了一张自学校建立后最严重的罚单：体育教师、校橄榄球队教练马尔兰德被解聘；参与偷盗试卷的两名学生被勒令离校；库兰及另外2名学生留校察看，但随时有可能被开除学籍。

球队教练和他手下的5名男孩为自己的行为付出了惨重的代价，同时也在用自己的事例警醒着其他人，不要再犯同样的错误。当然，库兰的故事到这里并没有结束。

接受处分后，库兰退出了橄榄球队，专心学业，同时在社区里找到一份义工工作。父亲说："那一事件发生以后，库兰就完全像是变了一个人。他并不怨恨校方，因为一切都是他自己犯下的错误。但是让我骄傲的是，库兰并没有选择自暴自弃，而是像男人一样承担起了应属于他的责任。以前，他整天谈论的都是橄榄球和啦啦队，而现在他完全改变了，仿佛一夜之间看清了自己的人生道路。"

正如父亲所说，库兰从自己的错误中吸取了教训，承担起自己应付的责任。高中毕业后，库兰没能进入大学，但他并没有放弃，而是报名进入一所社区大学继续学习，同时在一家汽车修理店打工。2年后，库兰以优异的成绩顺利从社区大学毕业，并且向几所四年制大学递交了入学申请，希望能够续读大三，一条崭新的人生之路已经展开，挫折让人学会成长，承担使人懂得责任。

那么，在现实生活中，父母应该如何培养男孩，才能让他对自己的行为负责呢？你至少应该做到以下几点：

1. 抛弃"孩子还小"的理由。如果父母始终以此为借口，那么男孩将永远生活在父母的保护伞下，很难成长为一名有责任心的男人。所以，想要让男孩学会承担，父母首先要改变自己的思维。

2. 男孩由于思想不太成熟，做事经常会不顾后果。身为父母，要培养男孩做事之前多思考的习惯，让他们了解自己的行为将会导致的结果。

3. 男孩做某件事情，往往只是出于某种冲动或兴趣，但很难长时间地维持下去。父母应该告诉男孩在某项事情中所应承担的责任，明确奖赏和惩罚措施，并且坚持以此为准则行事。

4. 当男孩做错事后，一定要给他补过的机会，这样做既能让男孩正视自己行为造成的后果，也可以帮助他们在弥补过错的过程中重拾信心，为以后的生活进行经验积累。

第三节　培养男孩的馈赠意识

在美国，馈赠几乎成为了一种流行的社会文化，这不仅是一种经济行为，更是一种道德行为。大部分美国公民都会将自己收入的一部分作为公益捐赠，就在去年，奥斯维尔的一对老夫妻甚至将自己的全部财产都捐献给了海地的一家慈善基金会。很多社会名流还会有以自己名字命名的慈善基金，或者为某些国际性公益组织代言，凭借自己的号召力为这些组织募集更多的资金。比如美国的著名影星奥黛丽·赫本，她自1988年以来一直担任联合国儿童基金的慈善大使，直至1993年逝世。她是最早披露索马里儿童因长期旱灾和不断的内战而遭遇困境的外国人之一。晚年的赫本多次奔赴非洲进行慈善与救助活动，她朴实而高贵，关心别人，心怀博爱，为世人做出了应有的表率。

正如美国心理学家弗洛姆所说："责任并不是一种由外部强加在人身上的义务，而是我需要对我所关心的事件做出反应。"从小的耳濡目染，使得美国的孩子在内心深处就埋下了馈赠的种子。大多数孩子都会有这样的经历，就是将自己的零花钱捐赠给盲童学校、白血病小患者、无家可归的孩子等。而与捐款相比，捐物就更加简便易行了。在美国，很多社区街道都会设立专用的捐赠箱，市民们可以将不需要但仍然完好的物品放入其中，以供有需要的人使用。在父母以身作则的示范下，孩子们也会主动将一些衣服、鞋帽、玩具、书籍等物品捐赠出去。

与捐款捐物相辅相成的，就是美国的义工文化。义工也可以被认作是一种捐献行为，但这种行为捐献的不是财物，而是时间。美国的义工大致可以分为两种，一种是强制行为，一种是自愿行为。所谓强制行为，就是当某些人触犯了一些法律，比如醉酒驾车，法院就会给出一些惩罚措施供他选择，其中会包括监禁15天或者进行90个小时的义工，而大部分人会选择后者。再比如，学生要取得学校的毕业资格，就必须按照学校的规定进行固定时间的义工服务，在中学里，义工的时间一般规定不会少于60个小时。因此，在放学后或者节假日里，学生三五成群的到养老院、医院、社区服务中心等地方做义工，早已成为一种景观，父母也会支持自己的孩子多做义工，因为他们清楚，这种活动将很好地培养孩子的责任感。自愿行为的义工与强制行为的义工不同，它完全是出于自身责任感的需要，主动进行的义工活动。而像童子军这样的民间组织，也会积极组织和提供各种义工活动。

作为美国最大的民间组织，童子军每年都需要举办成千上万次儿童活动，这需要很大一部分经费。这些庞大的开支来源多种多样，其中就包括售卖童子军开发的一部分商品。2003年，纽瓦克的童子军组织了一次为白血病儿童进行的义卖活动，而11岁的迈克尔·芬迪成为了其中一名义卖员。他的任务就是拿着各种饼干订单，挨家挨户地进行推销，尽可能多地带回市民的订单，然后再按照订单上面的数据，为每家送去订购的饼干。

对于迈克尔的举动，他的父母十分支持，并且为了鼓励迈克尔，他们率先订购了4盒饼干。义卖的开局十分成功，迈克尔自信满满，于是开始去邻居家推销。一个房子接着一个房子，一条街道接着一条街道，迈克尔不知疲倦地敲门、推销、再敲门，一个上午就将自己社区的住户走遍。下午，迈克尔开始到邻近社区推销。

就这样，两天过去了，迈克尔拿到的订单足足记满了12页纸。然后他用行李车，到食品厂装载了饼干，开始挨家挨户地递送。

每个人都有责任感，每个人都会为不辱使命而努力。责任能激发人的潜能，也能唤醒人的良知。给人责任，也就给了信任和真诚；有了责任，也就有了尊严和使命。如今，义工教育已经成为美国青少年教育的重要内容，无论是父母、学校，还是社会，都深知这种责任感教育的重要意义。社会需要的不仅仅是具备文化知识的青年，更需要有能力履行自己责任与义务的青年。

第四节　让男孩学会信守承诺

坚守承诺是培养男孩责任感的重要环节，因此，无论是在家庭中，还是学校里，都会围绕诚实守信，对男孩进行教育。每一个美国男孩都听过这样一则故事：

一位国王由于年纪越来越大，却始终没有自己的子嗣，于是决定在王国中挑选继承人。他叫来国中所有的男孩，给他们每人一粒花种，并与他们约定：每个人都必须亲手种植他的花种，最终谁能种出最美丽的花朵，谁就可以在未来继承王位。男孩们回到家里，开始细心呵护自己的种子，当评选的时间到来时，绝大多数男孩都端着美丽的鲜花前来参选，只有一个男孩手中的花盆里空无一物。可评选的结果却令人大吃一惊，这个毫无所获的男孩居然被选定为王位继承人。其实，国王发给男孩们的花种都是被煮过的，根本不会发芽。这次测试，不是为了发现最好的花匠，而是看看谁能够信守自己的诺言，亲手种植这些花种，并在最困难的关头，仍然可以守住诚实的品格。

这是美国波士顿大学教育学院设计的一篇小学课文，从中不难看出对于男孩诚实守信的重视。而在现实生活中，也仍然有许多次考验，来验证男孩是否能够坚守住自己的承诺。

2005年的飓风季相比于以往任何一年，都让美国人更加记忆犹新。因为在这一年里，美国遭遇到了1928年以来造成人员伤亡最大、经济损失最为严重的一次飓风——五级飓风卡特里娜。8月25日，卡特里娜首先在佛罗里达州登陆，8月29日清晨，再次以233公里的时速在位于墨西哥湾沿岸的新奥尔良登陆，直到12个小时后，才逐渐减弱为强热带风暴。此次飓风的受灾范围，包括佛罗里达、路易斯安那、密西西比和亚拉巴马各州，面积几乎与整个英国国土面积相当，被认为是美国历史上造成损失最大的自然灾害之一。据保守统计，此次飓风造成超过1800人死亡，直接经济损失高达812亿美元。

飓风过后，美国人开始重建自己的家园，其中就包括一群特殊的男孩——童子军。此时，每一个童子军都清楚，现在正是他们履行其"随时随地帮助他人"承诺的时候。他们为灾民提供食物和庇护所，帮助灾民重建房屋，清理垃圾，协助调运、分发各地的捐助物品……其中一位名为马尔科·奇拉的17岁童子军，利用自己在童子军训练中学得的技能，帮助十几家邻居搭建了临时帐篷作为庇护所。他的行为不仅帮助了那些需要帮助的人，也最终为自己赢得了一枚荣誉奖章。

密西西比州牛津市45小队的童子军，也在飓风过后马上行动起来，他们在童子军教练托尼·威尔森的带领下，捐助了一批食物，并准备开车将其运往灾区。对于自己队员的行为，威尔森认为是理所应当的，但让他大为吃惊的是，这些童子军的行为竟然感动了整个牛津市的居民，人们纷纷捐款捐物，最终，他们总共筹集到了超过十万磅的捐助物资。威尔森说道："作为童子军教练最大的骄傲，就是看到你自己教导的孩子，能够遵守童子军的承诺，在别人需要帮助的时候伸出援手。45小队的孩子们，在这场灾难中体现了他们的价值，也为他们所在的团体赢得了荣耀。"

　　每一位童子军教练，都会不断提醒自己的队员，要时刻铭记自己的承诺，铭记自己加入童子军时候的誓词。"我以人格担保，我将不遗余力地为上帝和我的祖国效忠，严格遵守童子军法令；随时随地帮助他人；始终保持体魄健壮、头脑清醒、品德正直。"对于童子军来说这不仅仅只是停留在嘴上的口号，更应该作为一个座右铭，时刻铭记在心里。因为只有将承诺付诸行动，才能体现男孩的责任心，而这正是一名男人最应具有的品质之一！

　　要培养男孩坚守承诺的责任感，离不开家庭环境的影响。父母如何坚守自己的承诺，将在很大程度上影响到孩子对于承诺的重视度。林德曼·汉森是一名德国裔的美国人，身为木匠的他，生活十分拮据。但为了让儿子能够与同龄小朋友一样生活，他就向儿子保证到："不要羡慕别的小朋友，你喜欢什么，我们通过双手，都可以得到。"汉森从此开始每天加班加点地工作，工作之余，还给儿子制作了各种木制玩具。儿子看到父亲为了不让自己感到自卑，竟然如此卖力劳作，不禁十分感动，于是开始给父亲打下手。父子共同努力，渐渐地，儿子的木制玩具越来越多，使得每个到他家来玩的小朋友都会万分羡慕。汉森在儿子面前坚守了自己的诺言，同时也为自己赢得了骄傲。

　　在生活中，培养孩子的责任感与养成诚实守信的品质关系密切。因此，在教育时半点马虎不得。如果父母把与男孩在一起时说过的话都录下来，过后听一听，一定会发现有许多许下的诺言都没有被兑现。比如，当孩子问一个生词时，父母总会搪塞道："晚上回家咱们查一下字典。"但是，当父母劳累一天回到家里后，早就将这一句无足轻重的话抛到九天云外去了。虽然孩子不会逐一追问这些没有兑现的诺言，但日久天长还是会对孩子产生负面影响。因此，要培养孩子信守承诺的品质，父母需要做到以下几点：

1. 守信是一种有责任感的表现，一个说到做到的人是一个能够对自己的言行负责的人，从而能够获得别人的信任和尊重。男孩出于对自己能力认知的不足，很容易向别人许诺些什么，但不够专注的缺陷往往让他们被其他事情吸引，而忘记自己的承诺。如果此时能有人从旁监督和引导，将有助于男孩从小学会对自己说过的话负责。

2. 父母的榜样作用十分重要，不要认为男孩年龄小不懂事，就可以糊弄孩子，忽视自己对孩子许下的诺言。男孩会因为你的行为而对你失去信心，这种悲观情绪也将影响到他今后的为人处世。因此，父母一定要遵守平时对孩子说过的话，如果对孩子许下承诺，就一定要兑现，即使兑现不了，至少也要让孩子看到你为实现诺言所做出的努力。

3. 不要让男孩做出过多的承诺。承诺之所以重要，是因为一旦许下，就要付出百分之百的努力去兑现它。几个恰到好处的承诺会约束男孩，使其沿着正确的道路努力进取。可如果父母让男孩做出过多的承诺，那么他叛逆的天性就会表现出来，承诺的质量也会不断下降，直到变得不再重要。

4. 当承诺无法兑现时，要承担相应的后果。当然，这里所说的后果，并一定是非常严重的惩罚，有时候一句简单的"对不起"往往更具功效。美国心理学家罗达·邓尼说："父母做错了或违背了自己的诺言时，如果向孩子说一声对不起，可以帮助孩子建立自尊，同时也能培养孩子遵守诺言的习惯。"

第五节　鼓励男孩从错误中吸取教训

在孩子独立做事的过程中，不可避免会遇到一些困难，甚至搞砸。此时，父母千万不要一味地批评和嘲讽，因为那样只会让孩子产生胆怯心理，再也不敢去做承担责任的事情了。有一个很著名的例子，科罗拉多州一个4的男孩，在父母外出后试图自己清洗衣服，但一下子倒了半桶洗衣粉，不仅如此，还弄得地板仿佛遭受过洪灾一般。母亲回家后，见到家里一片狼藉，不分青红皂白教训了孩子一顿。自此之后，男孩的内心便对洗衣服产生了抵触，直到12年级时（相当于国内的高中），仍然将脏衣服留给母亲来清洗。

从这个事例中我们可以得到教训，那就是父母应该允许孩子犯错，不要因为一次错误而扼杀孩子的责任感。在生活中，我们时常发现孩子什么都不敢做，很大一部分原因是孩子害怕犯错误，不敢承担责任。甚至有的孩子，不敢面对自己的错误，反而将责任转嫁给别人。每当遇到这种情况时，父母就应该好好检讨一下自己的行为，以及自己对待孩子犯错误的态度。如果孩子总是因为害怕犯错误以及犯错后的惩罚，而不敢去面对和尝试一些新鲜事物，不敢去做应该独立完成的事，那么他们将失去很多自主学习和体会成功的快乐。

没有一个家长希望自己的孩子犯错，可是不犯错误的孩子就不能体会到责任的重大意义。成长，就意味着做出选择，而选择很可能导致犯错，我们应该允许孩子犯错误，这样他才能从错误中吸取教训，获得经验。

其实，人生是一个积累个体经验的过程。给孩子一个宽容的空间，让他学会跌倒之后自己爬起来，让他敢于面对挑战，并勇于承担错误，有能力为自己的行为后果负责，这就可以称得上是成功的教育了。

狄肯已经12岁了，他最喜欢做的事情就是在地下室里给父亲打下手。为了培养狄肯的动手能力，父亲也乐得因势利导，尽量给狄肯布置一些适合他年龄的工作。但狄肯早已厌倦了小打小闹，他希望能在父亲面前一显身手，做出一些惊人的成绩。这不能怪狄肯，试问有哪一个12岁的男孩没有出人头地的雄心和梦想呢？

但雄心和梦想需要按部就班的练习，狄肯却有些等不及了。有一次，父亲买回了一块大玻璃，让狄肯清洗干净，准备做一个鱼缸。狄肯一边清洗，一边思索：如果在父亲回家前，我就先将鱼缸做好，一定会让父亲大吃一惊。

说干就干，狄肯三下两下擦干净玻璃，平铺在工作桌上，然后拿出玻璃刀和长尺，按照以前父亲做木工的样子，先在上面画好裁切线。然后比着尺子，用玻璃刀切割。然而，切割玻璃并没有想象中那么容易，右手的玻璃刀一用力，左手的尺子就移动了位置，使得原本笔直的切割线变成了弧形。好在这条切割线靠近玻璃的一侧，只要将鱼缸的尺寸改小，还可以重新画线切割。

狄肯庆幸自己还有第二次机会，于是重新画线，重新切割，可结果还是一样，切割线再次成为一个弧形。眼看一块玻璃就这样成了废品，小狄肯心中不禁十分失望。

这时，父亲回来了，看到狄肯一脸苦相地摆弄着长尺，父亲一下子就明白了事情的原委。但出乎狄肯意料的是，父亲并没有批评他，而是在他身边坐了下来，搂着他的肩膀说道："你知道我为什么不让你开汽车吗？"

"知道，因为我年纪小。"狄肯回答。

"没错，但我为什么允许你骑自行车？"

"因为我的年纪够大，有能力骑车。"

"对了。以前我给你骑儿童三轮车，现在骑自行车，将来会让你开汽车。但所有事情都需要一步一步实现，不能急于求成，否则只会自食恶果。就拿做鱼缸这件事情来说，你知道我为什么只让你清洗玻璃，而不让你切割玻璃吗？"

"因为我可以将玻璃清洗干净，却无法将它切割整齐。"

"说得对。你知道吗，世界上没有哪样技术是可以不练习就能掌握的，所以，你想要切割玻璃，就必须先进行练习。这块玻璃反正也没用了，你就先用它练习切割。我再去买一块新玻璃，如果你练习得好，我会让你在新玻璃上面切割的。"

在一次美国家庭教育研究会上，一位儿童心理学家提出了这样一个理论：最好的教育=民主+权威。他的意思就是，要允许孩子犯错误，抓住机会诱导启发，让孩子学会自我改正，同时通过与孩子之间的民主沟通，让孩子懂得明判是非。而在这方面，狄肯父亲的做法绝对称得上是儿童教育的专家。

孩子不断犯错误的过程，其实正是不断改正错误、学习技能的过程。假如不给他这类机会，轻易地帮助他顺利完成，非但剥夺了孩子寻求正确方法的乐趣，也会使他们变得懒于动手、养成依赖父母的坏习惯。

所以，请放开你的双手，让孩子去接受锻炼，去感受错误带来的失败。宽容孩子的错误，允许孩子犯错。

1. 父母应给孩子犯错误的权利和自由。告诉孩子犯错误没关系，重要的是你对犯错误、改正错误的态度。犯了错误不要紧，坦白承认，改正重来，就可以继续前进。

2. 对于孩子能够自行纠正的错误，应该允许他们犯错。比如小男孩出于好奇而摔碎瓷瓶。父母可以趁机教给他们瓷器易碎的常识，并联想到同样易碎的玻璃窗、镜子、眼镜等，从而学会保护和使用它们。

3. 对于孩子不能自行纠正的错误，父母必须马上予以制止，并且让男孩立刻纠正错误。比如男孩会脚踢小猫小狗，这种行为一旦放任，很容易导致男孩恃强凌弱心理的形成，因此一定要立刻予以纠正，不能让它成为习惯。

5

Chapter

第 5 章

勇气与坚强

曾经有一个美国教育学家来到一所小学，让小学里的男孩写出"是男孩好还是女孩好，并说明理由。"在男孩给出的答案中，他们大多为自己是一名小男子汉而感到自豪，让他们自豪的原因包括：

1. 男孩敢看恐怖电影，而且眼皮都不眨一下；

2. 男孩会爬树；

3. 男孩敢骑马；

4. 男孩比女孩勇敢，不怕毛毛虫；

5. 男孩爱打抱不平；

6. 男孩不像女孩那样爱哭泣；

......

从这些答案中你能得出什么结论？没错，是勇气。勇气是男子汉的标志，也是男孩与女孩外在表现的重要区别之一。

我们常说：男人来自火星，女人来自金星。你可知道为什么会有这种说法吗？原来在古罗马神话中，金星的名称为"维纳斯"，是象征爱与美的女神，因此金星代表了女性的美丽与柔弱。而火星的名称为"马尔斯"，是战争之神，代表了男人的勇敢和坚强。作为西方文明的摇篮，古希腊与古罗马文化对西方文明影响深远，而以欧洲移民文化为主体的美国文化，无疑也传承了这一思想。因此，勇气与坚强就成为美国男孩教育的一大课题。

在美国，西点军校素以培养最优秀的男人著称，他们有这样一则校训：做一个真正无畏的人。人的一生遍布机遇和挑战，因此也就自然而然要经历挫折和失败。挫折和失败并不可怕，可怕的是面对生活，失去勇敢坚强的信念，成为生活的"出局者"。西点的骄傲、美国五星上将麦克阿瑟曾经说过："有些事情一些人之所以不去做，只是因为他们觉得不可能。其实，许多不可能的事情只存在于人们的想象之中。面对现实，每个人需要的是勇气，而不是逃避。"身为男孩父母，面对越来越严酷的社会现实，更应该让自己的儿子从小学会勇敢与坚强，这样，当他走上社会时，才能成为一名真正的男子汉。

在美国南北战争中曾经担任南军总司令的罗伯特·李将军曾经说过："拥有勇敢坚强的意志，才拥有伟大的生活。"勇敢坚强的精神，能帮助平凡的人做出不平凡的事业。要想成就伟大的生活，关键之处不在于智力，不在于体力，也不在于家庭背景、教育程度，而是在于是否拥有勇敢坚强的不屈意志。生活就像波涛汹涌的海洋，只有勇敢坚强的人，才能到达理想的彼岸。身为男孩父母，应该借鉴西点军校的做法，从小培养儿子坚强勇敢，不畏挑战、不惧失败的优秀品质。唯其如此，才能帮助他真正成为一名能够在生活的惊涛骇浪之中把稳航向的优秀男人。

第一节　男孩的英雄幻想

在美国，几乎每个男孩的童年都是与漫画英雄一起度过的，超人、蝙蝠侠、蜘蛛侠、绿灯侠……上百个形象各异、身怀绝技的漫画英雄，就这样陪伴着一代代美国男孩成长。毫不夸张地说，每一个美国男孩都有自己心目中的英雄，他们伟大而神圣，而这些将他们树立为榜样的男孩，也在不知不觉地模仿起他们的行为。

美国家长似乎从不担心，自己的孩子会因为模仿动画英雄而变得好勇斗狠，因为他们知道，在这些漫画中所宣扬的思想几乎都是积极向上的，即使漫画中会出现血腥的打斗场面，但这仅仅是为了吸引男孩，唤醒他们心中小小的英雄冲动。此时父母的职责只有一个，那就是利用恰当的时机，给予男孩正确的引导，告诉他们真正的英雄是什么样子。

卡彭是洛杉矶的英雄消防员，曾多次因为英勇的表现而获得政府表彰。而当媒体人问起他为什么会选择消防员这个危险的职位时，他给记者讲述了自己儿时的一件事情，正是这件事情改变了他的一生。

当时年仅9岁的卡彭是蝙蝠侠的忠实拥趸，无论是在学校的戏剧社团中，还是在家里的化装聚会上，卡彭总是会将自己打扮成蝙蝠侠的样子，并模仿蝙蝠侠低沉沙哑的声音。

一年一度的万圣节马上就要到了，卡彭也表现得越来越兴奋，因为万圣节就意味着可以穿上各种奇装异服，与小朋友们一起到屋外玩耍。卡彭根本不用像其他孩子一样，为准备自己的服装而焦头烂额，因为在他看来，自己的服装只会有一个，那就是蝙蝠侠的装备。万圣节当晚，他穿好蝙蝠侠服装，准备到邻居家去要糖果吃，这是美国万圣节的传统。可他刚一出门，就被眼前的景象吓傻了。浓密的黑烟从邻居家漂亮的白房子里冒出，邻居打开门，一家人慌慌张张地跑出来，不一会儿，火光就从浓烟中探出头来，然后便包裹了整个房屋。

此时，社区里的居民都已经围了过来，很多邻居都拎着自家的水桶前来救火，卡彭发现自己的父亲也在救火的人群中，不知为什么，一股自豪感从心头涌出。消防员很快就到了，高压水枪立刻压制了火势。卡彭走到浑身是汗的父亲身边，对他说："爸爸，你今天真勇敢！"

父亲低头看了看自己的儿子，笑着说道："就像蝙蝠侠一样？"

"是的，就像蝙蝠侠一样。"

父亲蹲下身子，一只胳膊搂着儿子的肩膀，另一只手指向正在救火的消防员，说道："你看看他们，这些人才是真正的勇士。在漫画里，世界总是被那些英雄人物所拯救，但在现实生活中，每个人都有可能成为英雄。从起火的房子中救出小孩，或者把抢钱的强盗赶跑，都是勇敢的表现。你要知道，真正的英雄，就是那些在危险时刻，仍然能够鼓起勇气坚持奋战的人。"

父亲的话深深印刻在卡彭幼小的心灵中，而他也没有让父亲失望，高中毕业后，卡彭进入警校学习，并顺利成为一名警察，而后又成为消防队的一员，因为在美国流行这样一句话：只有勇士才配得上消防员！每次执行任务时，卡彭都会回想起父亲对他的叮嘱，"真正的英雄，就是那些在危险时刻，仍然能够鼓起勇气坚持奋战的人"，也正是这句话，鼓舞并敦促着他，履行自己作为一名消防员的职责。

教育孩子当以引导为主，不要给他们空讲一些大道理，因为这样的效果往往适得其反，父母们可以试着将道理融汇到一些日常事件中去，往往会得到意想不到的结果。

1. 父亲试着与孩子一起观看一部科幻英雄电影，然后让孩子以"如果我是xxx"（xxx为电影中的英雄主角）为题，写一部观后感。如果孩子不喜欢写作，父亲也可以让孩子改为口头叙述。在儿子写作或者叙述后，父亲必须点评孩子的观点，告诉孩子在现实生活中有哪些真正的英雄，这个环节至关重要，因为它可以将孩子从虚构的英雄幻想中，引导为现实生活的英雄行为。

2. 父亲与孩子可以进行这样的游戏，两人分别扮演英雄电影中的人物，如儿子扮演超人，父亲扮演卢瑟（超人的死对头），或者儿子扮演天行者，父亲扮演黑武士（亦为天行者的死对头）。不过要记住，应该始终让儿子扮演正面人物，并且最终获得胜利。让孩子在游戏中，获得英雄体验。

第二节　永不服输的精神

1967年夏天，一位12岁的男孩离开自己的家乡西雅图，参加了一次童子军组织的暑假徒步行军活动，这次行军全程为80公里，平均每天行走13公里，预计一个星期走完全程。出发时，男孩穿了一双崭新的高筒靴，但新鞋显然不太合脚，因此，连续几天的翻山越岭、穿越丛林，让他吃尽了苦头。然而，即使是脚后跟磨破了皮，脚趾间磨出了水泡，他仍然咬紧牙关，继续坚持。直到一天晚上，他的脚变得红肿，开裂的皮肤渗出血迹，才不得不向随队医生求助。同行的伙伴都劝他尽早放弃，但他却摇摇头，用药棉和纱布将伤口包扎好，然后继续上路。就这样，他一直坚持到了一个中途检查站。当领队发现他的脚严重发炎时，才强行中止了他的本次活动。男孩的母亲得知孩子的情况后，急忙从西雅图赶来，看到他溃烂的双脚，一边流泪，一边埋怨道："傻孩子，你怎么不早点停止行军啊？"男孩并没有回答她的问话，只是略带遗憾地说道："可惜这次我没有到达目的地。"

后来，这名男孩考上了美国著名的哈佛大学，并于1975年离开学校，与他童年时的好友保罗·艾伦联手成立了微软公司。说到这里，你大概已经猜到这位男孩的名字了，没错，他就是大名鼎鼎的比尔·盖茨。

比尔·盖茨的口头禅"我能赢"，正是秉承于他在童子军期间学到的永不服输的精神。在他后来的学习和创业过程中，这一精神成为了他背后重要的推力，为他源源不断地提供动力。

"行百里者半九十"，而这最后的十里，往往就是成功与失败的分界线。在追逐梦想、不断前行的道路上，永远充满了艰辛险阻。当遭遇挫折后，或者在身心俱疲时，是什么支撑着你，沿着预定的轨道继续前行？答案只有一个，那就是永不服输的精神！

从盖茨拖着伤痕累累的双脚坚持行军的故事中，我们可以明显感觉到少年盖茨争强好胜的性格，只要引导得当，这种性格就可以很自然地转变为永不服输的精神。但遗憾的是，如今国内的家庭环境，往往对男孩过于保护，甚至为了不让男孩受到伤害，不惜将其囚禁在"爱"的牢笼里，使他与外部世界完全隔离。可能你注意到了，这里的"爱"是加引号的，过分的保护并不是爱孩子的表现，隔离也不是阻止伤害的办法，这种行为反而会减低男孩对于伤害的抵抗力，让他们变得弱不禁风。

就像接种疫苗，所谓疫苗，就是将病原微生物及其代谢产物，经过人工减毒、灭活，或利用基因工程等方法制成用于预防传染病的自动免疫制剂。通俗点说，接种疫苗的过程，就是让人体接触活性较低的病原体，从而逐渐生成免疫力的过程。

教育男孩与接种疫苗可谓异曲同工，如果你不让他接触伤害，他又怎能生成对于伤害的免疫力呢？男孩成长的过程，就是不断增强抵抗伤害能力的过程，每一次的锻炼，都是一次有意义的积累，而这些积累则是为了成为男人后，在事业和生活中的爆发，这就是所谓的"厚积薄发"。

为了培养男孩抵抗伤害的能力，父亲应该起到重要的引导作用，这种引导不仅仅体现在大事上，小事同样重要，比如在与儿子散步的过程中，与他分享自己战胜挫折的经历，为他灌输永不服输的精神。父亲往往是儿子潜意识中的学习榜样，因此，父亲的经历往往能够潜移默化地影响儿子的行为。

在美国童子军中，经常会举办各种各样的比赛，其中很重要的一个目的，就是为了培养男孩永不服输的精神。由古利克博士引入童子军的摔跤游戏，就是这样一种简单易行的游戏。游戏由两名参赛者完成，两人右脚相抵，右手相握，当游戏开始后，便各自凭借力气与技巧，强迫或诱使对手失去平衡，失去平衡者即被判负。这种游戏既符合男孩争强好胜的性格，又不易造成伤害，而且易于操作，对场地要求不高，正是在游戏中培养男孩永不服输精神的好办法。

第三节　告诉男孩勇者无敌

美国"战神"巴顿出生在美国加利福尼亚州的一个军人世家。他的曾祖父是美国独立战争时期的一位准将，祖父和父亲都毕业于弗吉尼亚军事学院。巴顿19岁进入西点军校，虽然因为数学不好留过一次级，但他对橄榄球、田径、剑术等都很擅长，尤其是剑术方面颇有造诣。西点时代的巴顿雄心勃勃，相信自己是命中注定的伟大人物。他奋发努力，勇于接受任何挑战。在写给父母的信中，巴顿曾经这样写道："只要今天我能伟大，即便明天受苦而死我也甘心。"

巴顿从步入军界的那天开始后，就将美国第三任总统杰克逊的一句名言，"不要让惧怕左右自己"，作为自己的座右铭。他认为勇敢坚强是作为男人，特别是作为军人的首要素质。一贯在这方面严格要求自己的巴顿发现自己虽然勇敢，但在危险面前却也并非毫不胆怯。虽然现代心理学证明，胆怯是人的正常心理机能，甚至还是一种必需的自我保护要素。然而巴顿却打定主意，决心加强锻炼，进一步克服惧怕心理。

打定这个主意之后，但凡参加学校组织的骑术练习和比赛，巴顿总是要挑最难越过的障碍和最高的跨栏，故意给自己"找麻烦"。在西点军校学习的最后一年时间里，学校为即将毕业的学员们安排了几次实弹演习。尽管教官反复强调注意安全，巴顿却仍然连续几次故意把头伸进出安全范围之外。用他的话来说，这么做的目的就是为了听听子弹掠过头皮的声音。大为光火的教官一怒之下不仅报告了学校，还通知了巴顿的父亲。因为这件事情，一向很少发脾气的父亲严厉责备了他。巴顿却满不在乎地说："我只是想看看自己会有多害怕。我只是想锻炼自己，让自己变得不胆怯。"

从1912年开始，奥林匹克竞赛增加了一项叫作现代五项全能运动的比赛项目，也就是后来人们熟知的"铁人五项"。1915年，得知这个消息的巴顿自费到斯德哥尔摩参加奥运会比赛，并在43名竞赛者中获得了第5名的成绩，成为美国代表队中表现最出色的一个。比赛结束之后，巴顿顺便携夫人去法国去旅行。尽管按照他们夫妇原来的设想，这次旅行是为了度"第二次蜜月"，不过巴顿却把旅行的几个星期时间完全消耗在提高剑术方面，并且最终获获得了"剑道大师"的荣誉头衔。

1945年5月，成功率部击败德军的巴顿却仍然不满足于自己已经取得的巨大功绩。在他看来，人生最大的价值就应该是不断鼓足勇气超越极限、挑战自我。对于军人来说，也就是要不断率领部队打败最强大的敌人。作为一个真正的勇士，他的最完美结局应该是在最后一场决定胜败的战斗中，在胜利即将来到的时刻，被敌人枪口中射出的最后一颗子弹打死。可以说，正是这种不断攀登人生高峰的勇气，成就了巴顿一生的神话。时至今日，他依然是众多西点学员的精神楷模，是他们学习和仿效的对象。

勇气是军人的天职，也是所有成功人士所应具备的基本素质之一。麦克阿瑟曾经这样评价西点军校的培养目标："我们需要的是战场上的狮子。要知道，由一头狮子带领的一群羊，将战胜一只羊带领的一群狮子。"勇者无敌。对于一个男人来说，缺少了勇气，也就如同缺少了面对生活的"原动力"，是很难有所作为和突破的。身为男孩父母，要让儿子从小明白这个道理。在很多时候，阻碍我们成功的主要障碍不是能力的大小，而是我们的心态。身为男人，要像巴顿那样敢于"硬干"，不断挑战自己的极限。只有这样，才能充分发挥自我的能力，实现生命价值的最大化。

第四节　让男孩更加勇敢

在培养勇敢坚强的男性气质方面，美国人是有很多独到之处的，而其中的许多方法可以被我们借鉴使用。

通常来说，男孩都是天生具有勇敢无畏的男性气质的，不过偶尔却也难免会出现一些胆小的"另类"。导致这种问题出现的原因多种多样，既有先天的心理、生理因素，也有后天的教育因素。特别是在生活条件优越，父母溺爱严重的今天，男孩的"阳刚气"越来越少，甚至出现了所谓"男孩女养"的奇怪现象。相应的，便会有越来越多的男孩家长为自己儿子的懦弱退缩、墨守成规、自暴自弃、缺乏男子气概而焦急苦恼。

据儿童教育学研究显示，缺乏勇气的男孩往往表现出诸如不思进取、成绩落后、缺乏创新、优柔寡断等等性格心理特征。所有这一切，都将对男孩成年后的工作生活造成无法弥补的损失。之所以出现这些令人头疼的问题，究其原因，就在于这些孩子缺乏勇敢这一良好的性格心理素质。他们在社交中往往沉默寡言，服从性强，孤僻拘谨，屈从于别人的意志，不主动出手；在活动时，往往不敢出头露面、积极参与，总是显得情绪低落，缩手缩脚；在学习中，不敢奋力进取，力争上游，经常消极应付，容易满足。久而久之，这些负面行为在各种情境下不断重复，逐渐得到巩固，并且形成习惯，便造成了懦弱、缺乏勇气、思维封闭的性格特征。这种性格心理特征一旦形成，必将影响孩子的健康成长。因此，男孩父母们应该注重从小培养儿子的勇敢的品质，帮助他在未来可能遇到的挑战中抢占先机。

为了培养儿子的勇敢品质，男孩家长们首先应该大致了解勇敢男孩具有的几项主要特征。

1. 开朗直率、果断刚毅、爱发议论、不拘谨

具备勇敢素质的男孩在与人正常交往的过程中，通常没有心理障碍，做事情也不优柔寡断、瞻前顾后。学习效率比较高，在同学老师面前，敢于发表自己的观点，很受同学敬佩。

2. 意志坚强、不畏挫折、能克服困难、勇于进取

具备勇敢素质的男孩在困难面前要更加顽强。他们深刻地懂得这个道理：摔倒了并不可怕，可怕的是摔倒之后不敢再爬起来；惊涛骇浪并不可怕，可怕的是在惊涛骇浪面前失去镇定；在希望与失望、成功与失败的角力中，只要有勇气面对挑

战，就一定能够取得最后的胜利。

3. 思维敏捷、勇于创新，有领导者风范

具有勇敢品质的男孩，往往不满足于已有的知识、成绩和现状，不墨守成规。他们的思维总是处于活跃状态，善于抓住新的知识，勇于发表自己的独特见解。

4. 明辨是非、见义勇为、伸张正义、敢作敢为

具有勇敢品质的男孩，在集体利益与个人利益相冲突时，能维护集体利益，表现出无私精神。在正义与邪恶相斗争时，能挺身而出，维护正义，表现出大无畏的气概。在他人遇到困难时，能见义勇为，乐于助人，表现出崇高的道德价值判断。他们的勇敢不同于鲁莽、粗暴、出风头，往往表现出机智、灵活、沉着、冷静，做事情有主见，而且雷厉风行，说干就干。

明确了这些，父母又该从哪些方面入手，培养男孩勇敢坚强的男性气质呢？你可以参考以下几点。

1. 对孩子进行榜样教育

榜样的力量是无穷的，你可以在平时多为孩子讲讲那些具备勇敢品质的杰出人物的故事，为他们提供关于这方面的书籍杂志、影视作品。本书中提到的众多从西点军校走出的杰出人物，在追求自由和维护祖国利益时，在遇到困难、危险时，都能表现出勇敢献身的精神，令人敬佩，值得青少年学习。

2. 培养孩子正确的思想观念，树立崇高的理想

心理学研究表明，人的思想观念、理想信念常常影响着人性格心理的形成。一个人如果从小树立了远大的理想，那么他

就可能在这个目标的激励之下，养成勇敢坚强的性格特征。为了心中的理想，勇于实践，排除万难。

3. 通过各种活动训练孩子的勇气

教育的智慧隐藏在生活的点滴细节之中，对于男孩的勇敢品质养成也是如此。男孩家长可以有意识地通过生活中的某些活动，培养儿子的勇敢坚强精神。比如夏天的时候，就可以带孩子一起去游泳。冬天的时候，可以和孩子一起去打雪仗、堆雪人。去儿童乐园的时候，家长可以同孩子一起玩体育游戏，乘滑梯，爬攀登架，坐登月火箭。所有这些活动，都深受孩子们的喜爱。不但能提高他们身体的协调性，更能锻炼他们勇敢坚强、吃苦耐劳的精神品质。

4. 言传身教，优化环境

父母是孩子最好的老师，很难想象胆怯懦弱的父母可以培养出勇敢坚强的男子汉。家长是孩子最亲近、最可信任的人。家长的一言一行，都会影响孩子性格和良好品德的形成。在培养男孩勇敢品质的过程中，家长的言传身教非常重要。有鉴于此，家长在平时的生活工作中，首先必须严格要求自己。面对困难，勇敢无畏，坚忍执着。只有这样，才能为孩子创造一个良好的环境，在潜移默化中促进男孩勇敢品格的养成。

第五节　坚强是勇敢的"孪生兄弟"

人生不如意事常十之八九，遭遇挫折和失败是很正常的事情。儿童心理学的研究显示，多数孩子在出生的时候，其实并不缺乏尝试探索的勇气。正好相反，此时的他们对周围的世界充满好奇，不需要大人的鼓励就愿意通过各种方式，主动去了解周围的一切。只不过随着年龄和阅历的增长，失败挫折体验的增多，某些人便会形成一种以重复的失败感为基础的心理习惯，逐渐丧失挑战环境的勇气，变得畏首畏尾、唯唯诺诺。当然，也有某些人可以成功经受住生活的考验，甚至愈挫愈勇，最终开辟出属于自己的一片天地。这些人之所以能够取得令旁人艳羡的辉煌成绩，就在于他们除勇气之外，还掌握了另外一件克敌制胜的"法宝"，那就是坚强。

西点军校1980届毕业生斯科特·斯努克中尉曾经说过："当一个人遭受挫折的时刻，往往也就是实现自我超越的时刻。挫折可以是人生中第一次考试不及格，也可能是初恋的失败体验。无论如何，一旦这种情况发生，也就为自我超越打开了大门。"失败是成功之母。很多时候，眼前的挫折失败却可能是未来成功的起点，问题的关键就在于是否拥有坚持到最后一分钟的勇气。勇敢必须以坚强作为支撑，坚强本身就是一种勇敢。可以这样说，勇敢与坚强是一对不离不弃的"孪生兄弟"。身为男孩的父母，你不仅需要从小培养儿子超越极限的勇气，更要帮助他在暂时的困难失败面前保持坚强的信念，不要浅尝辄止，丧失曾经拥有的勇气。

1884年6月2日，格兰特将军在吃桃子的时候，突然感到咽喉与腮部一阵剧痛。这之后，他的咽喉持续几星期干燥不适，还不时猝然阵痛。费城著名的外科医生达达科斯塔闻讯来到格兰特的住所，为他做了检查，发现将军的舌部长有息肉，而且很可能是癌变。

突闻噩耗的格兰特并没有为此惊慌失措。4个月之后，格兰特的病情变得更加严重，在他的妻子朱丽埃·格兰特的执意要求之下，格兰特开始住院接受药物治疗。为了尽最大可能挽救丈夫的生命，朱丽埃·格兰特还特地请来了当时闻名纽约的五官科医生约翰·道格拉斯。道格拉斯医生与格兰特将军是老相识，早在唐纳尔逊堡战役中他们就有过共事的经历。闻知老友生病的道格拉斯医生焦急万分，很快就为格兰特安排了一系列检查。在完成活织检查之后，道格拉斯医生最终认定格兰特口中的息肉属于癌变组织。

一贯冷静镇定的格兰特将军看着老朋友的眼睛问道："怎么样，是癌吗？"

道格拉斯医生迟疑了一下，但还是怀有希望地回答道："是的，将军，病情很严重。不过只要配合治疗，日后就一定可以康复。为了做到万无一失，道格拉斯医生又特地请来了曾护理过德国弗雷德里克三世皇帝，以及詹姆斯·加弗尔德总统等社会名流的著名整形外科医生乔奇·夏莱梯医生一起为格兰特会诊。夏莱梯医生经过诊断认为，简单切除舌部息肉根本不可能达到根治的目的。他建议对格兰特不做外科手术，而是使用可卡因进行保守治疗。

格兰特将军像服从命令一样地接受了这个建议。刚开始的时候，他每天两次乘坐有轨电车去道格拉斯的诊所为患部喷注可卡因。后来，这位曾经在战场上叱咤风云的病人已经病得实在无法行走了，道格拉斯便自己登门对格兰特使用可卡因、吗啡与白兰地进行治疗。

病危中格兰特依然保持着大将风度，从不怨天尤人、恐惧抱怨，而是把自己视为普通病人，积极配合医生治疗。在写给道格拉斯医生的信中，格兰特这样谈到了自己的治疗体会："可卡因如果适量使用，就能奇迹般地减轻病痛，用过药的部位会渐渐失去感觉，麻痹不适，但患病部位也可以因此感觉不到疼痛。如果不用药，不患病部位虽然没有麻痹的不适之感，但患病部位的疼痛就会越来越剧烈。总而言之，用药次数还是太多了，我觉得应该等到疼痛难熬的时候再用药。平时的那点疼痛对于一名经历过枪林弹雨的老兵来说算不了什么，我将限制用药。这样虽然必须忍受痛苦，却可以让大脑保持清醒，不会总那么昏昏沉沉的。"

屋漏偏逢连阴雨，就在这个时候，偏偏又传来了格兰特参与入股的一家投资公司由于经营不善即将破产倒闭的坏消息。如果事情真的发展到不可收拾的地步，格兰特很可能连后期的治疗费用也拿不出来了。所幸天佑好人，美国著名作家，刚刚因为出版了《哈克贝利·费恩历险记》一书而名声大噪的马克·吐温得知了格兰特将军的窘境之后，便及时伸出了热情的双手。他以一家出版公司董事的身份邀请格兰特将军撰写关于自己军旅生涯的回忆录。这样一来，格兰特在为后代留下精神财富的同时，也可以获得丰厚的报酬，继续维持自己的治疗。

得到这个好消息的格兰特颇有"山重水复疑无路，柳暗花明又一村"的感觉。此时的他尽管依然病魔缠身，却感到生活重新有了目标和希望。话虽如此，撰写内容庞杂的回忆录对于一个早已重病缠身的病人来说，却也实在不是什么轻松的事情。在每次接受过可卡因治疗之后，格兰特就强打精神，半卧半靠在床上写自己的回忆录。有时候为了省些力气，他会采用口述的方式，让妻子代写，但更多的时候还是自己亲自执笔。就这样，格兰特以顽强的毅力，不屈不挠地进行着写作。尽管速度很慢，但写好的书稿还是渐渐地在他的床头越堆越厚。马克·吐温在看过这些稿子之后认为，格兰特的回忆录足以和恺撒的回忆录《高卢战记》相提并论。可是就在书稿第一卷完成之后不久，格兰特又丧失了语言能力，这意味着他的病情严重恶化，已经临近生命的终点了。

惊闻噩耗的妻子不敢，也不愿相信自己的丈夫已经快要走到生命的终点，她的精神因此几乎达到了崩溃的边缘。同样感觉自己的时间已经所剩无多的格兰特却依然镇定自若。他主动结束治疗，并嘱咐道格拉斯医生不要再为自己做毫无希望的努力。他集中全部精力，一边鼓舞安慰妻子，一边抓紧最后一点时间完成自己的回忆录。1885年7月23日，一代将星悄然陨落。就在这之前的5天，格兰特的第2卷回忆录正式交付排印。格兰特平静地走了，身后留下了这部凭借坚强毅力完成的巨著。若干年之后，一位西点军校的教官这样在自己的学员面前评价格兰特将军和他的作品："这部著作证实了人类的力量与尊贵。通过这部书，人们看到的格兰特是他们所能遇到的最坚强的人，我敬慕他胜过林肯。"

为了将自己的儿子培养成为一名坚强勇敢的男子汉，身为父母的你可以为他讲讲格兰特将军的故事。

教育学研究证明，人的意志品质并非天生的，而是在后天实践中逐步养成的，因此也是可以通过家庭和学校教育的渠道进行有效干预的。在这方面，每个孩子的客观条件不同，家长必须学会从实际出发，因人而异。比如有的孩子比较缺乏自信，好不容易下定决心做某件事情，就因为很小的困难而丧失继续尝试的勇气。有的孩子勇气可嘉，却经常"三分钟热度"，今天勇气十足地做这件事情，明天又信心满满地做那件事情，最后的结果就是什么事情也没做成。对于前一种孩子，家长的训练重点就是要增强他的自信，敢想敢干；对于后一种孩子，则是要让他学会持之以恒，既要有选择的勇气，也要有坚持下去的勇气。为了锤炼男孩的坚强意志力，父母可以引导孩子从以下几个方面入手。

1. 从小事做起，磨炼男孩的意志力

从小事做起，持之以恒，是磨炼意志力的好方法。许多在事业上拥有杰出成就的人，都曾通过小事情磨炼自己的意志力。西点学员，陆军上将克拉克就曾经在学习期间借助工工整整地书写的方法磨炼自己的意志力。除此之外，男孩坚强意志力的养成还必须随着孩子的成长，从小到大，从易到难，从低

到高逐步深化。当孩子能够顺利通过一次又一次的困难挑战的时候，一个意志坚强的男子汉也就站在家长面前了。

2. 教育男孩学会"难为"自己

苦难成就男子汉，蜜罐子一样的环境是很难养育出勇敢坚强的优秀男人的。男孩父母应该鼓励自己的儿子向巴顿将军那样，多"难为"自己，多给自己找苦头吃。在一次又一次的挑战与超越之中，磨炼自己的意志力。

3. 为孩子树立榜样

父母要为孩子树立榜样，这是培养孩子坚强意志力的重要手段之一。除了自己就以身作则，父母还可以给孩子讲名人小时候的故事，也可以带孩子去拜访名人、参观名人故居等来激励孩子。这些都被证明是非常行之有效的方法。

4. 有意识地在困难中锻炼孩子的意志

家长可以通过让孩子长期坚持做某件事情的方式锻炼意志力。比如坚持早起跑步，坚持步行上下学等等。

5. 要求孩子严守纪律

纪律性是培养坚强意志力的重要途径。男孩父母也可以尝试着使用这种方法，为自己的儿子制定一些合理的纪律（例如规定玩电脑或看电视的时间等等），并要求他严格遵守。在潜移默化之中，培养男孩坚强的意志力。

6
Chapter

第 6 章

竞争与合作

当今世界是一个物竞天择、适者生存的世界。虽然远古时代早已成为了遥远的过去，曾经的莽莽丛林变成了今天的高楼大厦，曾经的兽蹄鸟迹变成了今天的铁轨公路，人类终于可以不再像动物那样，为了每天的生活拼死相搏。然而在这片钢筋水泥的新丛林里，大自然的生存法则依然在发挥着它持久的效力，在潜移默化之中继续影响着人们的生活。

人的生活无时无刻不存在着竞争，也离不开竞争。相比之下，男人一生所要面对的竞争风险又要远远多于女人。可以这样说，竞争是男人无法摆脱的宿命。为了争取更好的教育机会而竞争，为了迎娶更出色的配偶而竞争，为了夺得待遇更优越、更有发展前途的工作而竞争，如此种种，贯穿了男人生命过程的始终。有鉴于此，身为男孩的父母，更应该注重从小培养儿子的竞争意识，增强儿子的竞争能力。只有这样，才有可能让自己的孩子在未来的工作生活中占据先机。

美国人都知道这样一个道理："有了竞争，你才能更及时、更深刻地发现自己的不足，从而使自己更趋完善，达到意想不到的效果。"美国人是这样想的，也是这样做的，并由此形成了极具西方特色的竞争文化。所有这些，都是值得那些渴望提高儿子竞争能力的中国父母们学习和借鉴的。

第一节 激发男孩的竞争意识

父母应该知道，每名男孩都要有很强的竞争意识。事实上，从妈妈受孕的那一刻起，"Y"染色体已经决定了这个小婴儿体内有远远大于女婴的睾丸激素。即使还处在妈妈的肚子里，这些睾丸激素依然赋予了男孩不同于女孩的天性：冒险、争吵、吹擂、争斗……而这些都可以归结为一句话，那就是男孩超乎女孩的竞争意识。

竞争是男孩的天性，他们天生就为当强者而不断努力着。但外界因素却或多或少地制约了这种竞争意识，使得很大一部分男孩在竞争中败落下来，萎靡不振；还有一些男孩，甚至连竞争的勇气都失去了，选择了不战而败。作为父母，就应该用正确的方法引导男孩，激发起男孩的竞争意识，让他们知道自己能够做得更好，比别人更加出色。

那么，在人的成功因素中，竞争意识到底有多大作用呢？让我们先来看一个真实事例：

海湾战争之后，美国军方提出了在现代战争状态下士兵的"生存能力"比"作战能力"更为重要的新理念。在这一理念指导之下，M1A2艾布拉姆斯式坦克最终研制定型，并陆续装备美军部队。这种坦克充分体现了"士兵优先"的设计思路。M1A2的防护装甲是当时世界上最坚固的，可以承受时速超过4500千米，单位破坏力超过135万公斤的打击力量，几乎没有什么反坦克武器可以一次击穿它。话说回来，如此出色的防护装甲是如何研制出来的呢？

乔治·巴顿中校是美国陆军最优秀的坦克防护装甲专家之一，也是M1A2坦克装甲的总工程师。巴顿中校在接受了研制MIA2坦克装甲的任务之后，立刻找来了自己的"老冤家"，毕业于麻省理工学院的著名破坏力专家迈克·马茨进行合作。他们的"合作"方式非常奇特。两人分别带领一个研究团队。巴顿领衔的团队的任务是竭尽全力研制最坚固的坦克装甲，绝对不能被马茨领导的团队破坏掉；马茨挂帅的团队则专门负责"搞破坏"，千方百计想办法摧毁巴顿团队研制出来的防护装甲。

刚开始的时候，马茨团队总能轻而易举地将巴顿团队苦心研制的新型装甲炸个稀巴烂。但是随着时间的推移，巴顿团队不断从失败中总结经验教训，修改设计方案，马茨团队再想搞破坏也就没那么容易了。就这么周而复始，你来我往。终于有一天，马茨团队使尽浑身解数，却再也炸不坏巴顿团队的坦克装甲。于是，世界上最坚固的坦克装甲就在这种近乎疯狂的"破坏"与"反破坏"循环中诞生了。由于各自的杰出贡献，巴顿与马茨这两个技术上的"老冤家"同时荣获了代表美国最高荣誉的总统勋章。

若干年之后，巴顿中校回忆起当年两个团队的疯狂斗法，感慨万千地说："任何事情其实都是这样，出现问题是不可怕的，可怕的是不知道问题的存在，以及它究竟出在哪里。于是当年的我毅然决定，请马茨这个'老冤家'出山，让他帮我们找到问题，从而更好地解决问题。对于我们来说，马茨团队的作用就像是磨刀石，他们真是帮了我们大忙。"

总而言之，在科学技术日新月异、现代化建设突飞猛进的今天，如果没有竞争意识，缺乏竞争的基本能力，畏首畏尾不思进取，就会被时代、社会所淘汰。身为男性，如果缺乏竞争意识，将很难在工作生活中有所成就，成为一名真正的男子汉。父母应该让儿子从小懂得这个道理：竞争和对手的存在未必是一件坏事；在工作生活中遇到竞争的时候，不应该轻易退缩或者放弃，而是要勇敢地面对竞争，努力争取胜利。

培养男孩的竞争意识，父母可以参考以下几种方法：

1. 要鼓励和提倡竞争精神，强化竞争意识，让男孩适应竞争的环境。无论在家庭，还是在各式各样的儿童集体活动中，都要提倡和鼓励竞争精神，要适当渗透竞争意识，让男孩从小学会在竞争中生活，适应竞争的环境，以饱满的热情去迎接人生道路上的一个个挑战。

2. 要让男孩看到自身与别人存在差距，从而明确竞争的方向和目标。除了鼓励、激发竞争意识之外，家长还必须学会引导孩子的竞争意识。孩子的竞争意识不应当是盲目的，那种好勇斗狠、争风吃醋的做法是要不得的。不顾实际地处处抢先，到头来只能是出风头、争时髦，还可能造成人际关系的恶化。因此，家长在鼓励男孩勇于竞争的同时，还要让他们看到自己的差距和不足。要告诫孩子，竞争的过程就是弥补自己的差距和不足、迎头赶上并且超过对方的过程。从而有效避免竞争可能造成的负面作用。

3. 培养男孩的劳动意识。劳动是培养一个人独立性和竞争意识的最好途径。父母应该让孩子懂得"只有劳动了，才会有收获，只有努力了，才能取得成功"的道理。通过适当、适量的劳动，提高孩子的知识储备，锻炼他们的实际动手能力，增强他们的自信心。这些都是男孩在未来的工作生活中敢于竞争、勇于竞争的基础。

4. 为孩子创造竞争环境。现在的孩子多数都是独生子女，缺乏集体生活的经验，也就很难获得充足的竞争经验。为了避免出现这样的情况，家长可以把周围的独生子女组织起来，多安排一些集体活动，让孩子多在伙伴中间学习、游戏。这样既培养了孩子适应集体生活的能力，也可以使他逐渐树立起正确的竞争意识，在竞争过程中不断提高自己的能力和水平。

第二节　学会遵守竞争规则

我曾经在亚拉巴马州的一所小学里参观访问，这所小学每个教室中都放有一台电脑，供学生们上网查阅资料。在电脑旁边贴着一张纸条，上面写着：使用者不得超过5分钟。当我看到这张纸条时，不禁十分好奇，于是就在课后留了下来，想看看孩子们是否会遵守这个"5分钟制度"。直到今天，我还记得当时的情形。任课老师下课前留了作业：就你喜欢的一名作家，谈谈自己对其作品的看法。下课后，一名男孩走到电脑前，开始上网查找资料，而我就坐在教室后面看着。3分钟过去了，男孩还在电脑前，4分钟过去了，男孩依然没有离开，但快到5分钟时，男孩突然看了一下表，然后拿起笔记本，离开了电脑。紧接着，一名女孩坐到电脑前，开始上网查找资料，她只用了3分钟。接着是一名男孩，然后是另一名男孩。整整20分钟的课间休息，8名学生使用了电脑，但没有一名学生使用超过5分钟。

在现代社会中，竞争变得愈发激烈，但很多时候，竞争并没有促进发展，反而成为了负担。看看商场超市中的价格大战，你就能明白恶性竞争的结果，对于竞争双方来说，得到的结果只能是两败俱伤。这就凸现了规则的重要性，在规则规定的范围内竞争，是一位男人取得成功的重要保证。

在现代社会中，任何事情都有它自己的游戏规则，竞争也是如此。不遵守规则的盲目竞争，不但无法达到预期的良好效果，还可能害人害己，甚至毁掉孩子的一生，造成无法挽回的损失。有鉴于此，父母们在激发男孩竞争意识的同时，还必须对其加以正确引导和规范，帮助孩子掌握竞争活动中应该遵守的各种规则，学会理性竞争，养成孩子良好的竞争习惯。

1. 培养男孩的胆识。竞争需要胆识。所谓"胆"，也就是胆量。拥有胆识是一种精神状态，就是有敢为自己选定的正确目标奋不顾身、义无反顾的勇敢精神。有了这种勇敢精神，孩子也就敢于冒险，乐于探索，勇于迎难而上，开拓进取，实现生命价值的最大化。所谓"识"，就是见识、知识，是一种理性思维能力。拥有了见识、知识，孩子也就不会放纵自己的勇气、胆量成为匹夫之勇，而是会审时度势，理性分析自己面对的情况，做到既胆大，又心细，有勇有谋。

2. 引导男孩克服嫉妒心理。嫉妒之心人皆有之。嫉妒是人的一种正常心理行为。适当的嫉妒不但无害，反而有益，可以充分激发人的上进精神。美国作家梭罗就曾经说过："对卑鄙的人来说，他是嫉妒的奴隶；对有学问、有气质的人而言，嫉妒却化为竞争心。"话虽如此，如果嫉妒之心过重，甚至达到了"红眼病"的程度，就可能对工作生活产生不利影响。竞争必然会有输赢，孩子由于心智发育尚未成熟，很容易就会因失败导致各种负面情绪，违背了当初参与竞争的本来目的。这就需要家长正确引导，帮助孩子克服嫉妒心理。既要让孩子树立起"拼搏"的观念，积极参与竞争，又要让他学会正确对待由此产生的一系列后果，学会把竞争看成是一个开放的环境，而不是封闭的泥潭。既要有敢于竞争的勇气和信心，也要有竞争中的容人之量。赢得起，也输得起，调整好自己的心态，尽力克服嫉妒心理。

3. 帮助男孩摆脱自卑感。摆脱自卑感，是参与竞争，并取得胜利的前提保证之一。对于孩子来说，为了成功摆脱自卑感，首先就要正确、客观地认识自己。人的情绪、情感是受环境因素、生理因素和认识因素等诸多因素制约的。这其中，认识因素对于人的自我评价的形成又起着关键的作用。正确而客观的自我认知的形成，可以帮助人有效克服自卑情绪，顺利走出失败阴影。所以，当孩子不敢参与竞争，或者在竞争中遭遇挫折和失败的时候，就要引导孩子认真总结经验教训，客观分析原因。这方面的认识越深刻、越全面，就越有利于情绪的良性调节和控制。父母要让孩子懂得，在每个人的一生中，都有可能遇到各种不愉快的事情。当自己根本不敢参与竞争的时候，或者当竞争受挫已经不可避免地发生之后，就应该为自己的自卑情绪寻找新出路，进行有效的心理疏导，决不要始终沉浸在过度的自卑之中，限制、阻碍了自己的下一步行动。

4. 打造男孩"努力达到最佳"的精神状态。山外有山，人外有人，在参与竞争的过程中，每个人都无可避免地会遇到自己无法超越的障碍。因此，父母要让孩子懂得这样一个道理。只要自己尽力了，那么拜倒在胜利者、强者的脚下就无可非议。但是人却应该始终保持一种不服输的精神，对于成功者的仰慕和敬佩，不可以转化成为自暴自弃，令自己心灰意冷、裹足不前，而是必须做到"认账不认输"，相信自己同样能够在可能的范围内达到最佳的水平，努力拼搏。只问过程，不求结果，努力走好人生的每一步。

美国总统杰弗逊曾经说过："竞争一直是、甚至从人类起源起就是对大部分激烈活动的刺激物。"竞争是人类社会发展的基本动力。每个国家的进步、强大都离不开竞争，每个人的成熟、完善也同样离不开竞争。家有男孩的父母们应该注意培养儿子的竞争意识和竞争心理。男孩早一天为竞争做好准备，也就能早一天拥有了成为强者的潜质。不过任何事情做过了头都会走向自己的反面，竞争也是如此。因此，家长在着力培养男孩竞争能力的同时，还必须对其加以正确的规范和引导，让孩子学会理性竞争。唯其如此，才能真正帮助男孩掌握竞争这把"宝剑"，在未来的工作和生活中抢占先机。

第三节　与他人合作是成功男人的必备素质

说了那么多，都是关于竞争的话题，容易给人造成一种印象，似乎一个男人只要拥有充足的竞争就足够成功了，然而事实却并非如此。美国有这样一句名言："人们在一起可以做出单独的人所不能做出的事业；智慧+双手+合作，这三者融合在一起几乎是万能的。"竞争是必要的，但是与此同时，真正理性的竞争又必须为自身设置诸多的底线。这其中最基本的一条底线就是不能损害与他人的合作关系。

在日常生活中，我们总要和各式各样的人打交道。拥有合作意识，或者说团队意识，是人能够在现代社会中生存的最起码要求，也是社会分工日益细化的现代社会对中要求所有成员所应具备的基本能力，更是成功的必备素质。有鉴于此，培养男孩的合作精神，应该被作为所有男孩父母家庭教育的重要内容。

成功者的道路有千千万万，但总有一些共同之处。在一项名为"杰出青年的童年与教育"社会调查中，专家们发现，杰出青年大多数是善于与他人团结协作，拥有合作精神的人。一个人工作生活中的成功往往取决于诸多因素，但是是否具有足够的合作精神则是其中相当重要的一环。

社会学的研究显示，相比单独工作，与他人合作在各方面都具有比较大的优势。通常来说，群体中每名成员都具有不同的背景和兴趣，这就可以形成优势互补，想出更加多的办法和主意，催生出任何个人只靠自己单干所无法拥有的创造性的思维。除此之外，在合作过程中，每个成员互相提供帮助和鼓励，团体的一致性和认同感可以激励团体成员为实现共同的目标而努力奋斗，产生无可比拟的精神力量，帮助每个人最大限度地实现自己的价值。

很多人都见过这样的场景。每年秋天的时候，大雁开始由北向南迁徙。它们时而排成"一"字形，时而排成"人"字形。在长途迁徙的过程中，大雁会保持"人"字形的队形基本不变，只是按时轮流充当头雁。这其中蕴含着空气动力学的原理。因为头雁在前面开路的时候，它的身体和展开的羽翼在冲破空气阻力的同时，可以在它的后方形成一股稳定的上升气流。其他大雁跟在头雁后边，就等于乘坐上一辆已经开动的列车，可以省下不少的力气。这么一来，大家轮流充当头雁，就可以超越单只大雁的体力极限，飞到更远的地方。由此可见，合作精神如果被有效使用，往往可以达到"一加一大于二"的效果。

在合作中竞争，这一思想几乎贯穿于美国学校教育的各个阶段。小组活动是美国学校中一种十分常见的活动方式，比如在社会课上，教师会把同学分成若干小组，让他们共同完成一项社会调查。小组成员会对各自的任务进行仔细分工，每人完成调查的一部分，然后再拼合成最终的调查结果。此时，被分配了"使命"的小组成员不仅仅是合作者，同时也是竞争者，因为他们都知道这样一个道理，木桶盛水的多少取决于最短的一块木板，因此谁也不想成为小组中的短板。于是，每名小组成员的积极性都被调动起来，认真努力地完成自己的任务。

柯尔是克里托镇的一位实验课老师，对于学生的小组活动，他算得上很有发言权了。在一次美国学校走访中，柯尔告诉我，每次小组试验，他都会分别发给每位小组成员一张报告单。小组成员们必须合作完成试验，但试验结果却要分别记录，每个人都记录自己观察到的实验结果或实验现象，不允许互相抄袭。由于教师必须根据课堂中的试验报告单为学生打分，算作平时分数，因此每名小组成员都会极其认真地完成试验，在合作的同时，互相比较，这样就促成了一种良性的竞争方式。这种在合作中竞争的方式，不但能够锻炼孩子的团队意识，也培养了他们以我为主的自我意识。

在现实社会中，过于追求团队意识很容易迷失自我，而过于注重自我意识又容易将自己隔离于团体之外。只有让两个看起来相互抵触的意识合二为一，才能发挥出最大效能。

身为男孩父母，必须充分意识到，在合作中竞争是所有孩子成长发展、立足社会不可缺少的重要素质。在提升男孩竞争意识的同时，不忽略合作精神的养成。两手抓，两手都要硬。只有这样，才能将自己的孩子打造成为未来工作生活中的真正强者。

第四节　合作与双赢

1942年2月，艾森豪威尔正式出任美军参谋部作战处处长，并晋升少将。同年6月，艾森豪威尔出人意料地被任命为欧洲战区司令官，并动身前往伦敦，开始全面接手西线战场盟军的指挥权。当时的艾森豪威尔既没有名气，军衔也不算高。别说是在英国军队里边，就连美国军界知道他的人也不多。

这位新上任的盟军总司令几乎没有实战经验，甚至还从来没有指挥过一个连的部队。除此之外，艾森豪威尔名下部队的不少将军不仅军衔都比他高，资历比他老，有些甚至还是艾森豪威尔西点时代的教官和学长。艾森豪威尔之所以能够脱颖而出，完全是由于当时的美国总统罗斯福慧眼识英雄，看出他不仅在作战指挥方面有一套，还善于搞人际公关，是一个不可多得的全才。在他的协调之下，所有西线盟军部队一定可以上下同心、齐心协力。之后的事实充分证明，罗斯福看人的眼光是老辣的，艾森豪威尔作为西线盟军司令绝对当之无愧。

艾森豪威尔到达伦敦后的首要任务，就是要把那支由美国人、英国人、法国人、荷兰人、加拿大人和比利时人组成的"杂牌军"拧成一股绳，打造成为一支能够完成重大战斗任务的武装力量。此时的盟军虽然名义上是一支联军，接受统一指挥，但是各国的将军们之间经常钩心斗角，面和心不和，再加上训练方法、装备和语言的差异，各国军队实际上还是处于各自为政的状态。此情此景，稍有人事管理经验的人都能够明白，艾森豪威尔所要完成的任务究竟有多大难度。

为了解决这个难题，艾森豪威尔到达伦敦后不久，就先拿自己人开刀，在美国军人中进行团结教育，让他们注意维护和盟国军队的良好关系，特别是和英军的良好关系。为了达到这个目的，艾森豪威尔甚至不惜采取强硬措施，将某些特别"刺儿头"的美国军官送回国内。例如，曾经有一名美军上校因为战术问题和一名英国军官发生了争执，双方搞得很不愉快。尽管事后证明这位上校的观点是正确的，艾森豪威尔还是毅然决然地将他遣送回国。在向上校解释自己决定的原因的时候，艾森豪威尔这样对他说道："我承认在争论中你是对的，甚至对你骂他是坏蛋这个问题也可以不予追究。但是你错就错在骂他是英国坏蛋，这无疑会伤害英国同事们的感情。为了大家的利益，也为了你自己今后的前途，我只好把你送回家去。"

除了严格要求下属，艾森豪威尔自己也以身作则，努力搞好同其他盟国军官，尤其是英国军官的关系。为此，他不惜委屈自己。有一次，艾森豪威尔应邀参加蒙哥马利的敌情通报会。在这位英国元帅开始讲话后不久，艾森豪威尔的烟瘾就犯了。他刚点上雪茄抽了两口。蒙哥马利立刻用愤怒的声调大声嚷嚷："谁在抽烟？"

"我。"艾森豪威尔语调中满含歉意地回答。

"不准在我的办公室里抽烟。"蒙哥马利严厉地说道。

话说到这个份上，艾森豪威尔只好老老实实地掐灭了烟。尽管蒙哥马利一点情面也不讲，不过这件不愉快的小事没有改变艾森豪威尔对他的良好印象。他依然认为蒙哥马利是个性格坚毅、精力充沛，具有良好的职业素养的人。

除了管理和指挥部队之外，艾森豪威尔还非常善于和英国上流人士打交道，参加必要的社交活动。他质朴自然的谈吐举止、和颜悦色的微笑，以及民主谦虚的办事作风，赢得了周围人的普遍好感。在一次关于作战问题的新闻发布会上，艾森豪威尔对挤满房间的新闻记者们说：

"先生们，我知道你们都在猜测，我们的下一个攻击目标是哪儿。好吧，我就把这项军事秘密向你们公开。我们将于7月初进攻意大利，巴顿将军从意大利南部海滩登陆，蒙哥马利元帅从东部海滩登陆。"

记者们做梦也想不到艾森豪威尔真的会把这个军事机密告诉他们，都觉得十分突然。大家面面相觑，一时不知应该从何说起。终于，其中的一名记者问道："将军，如果我们当中有人把这个绝密消息泄露出去的话，会不会造成严重后果？"

艾森豪威尔点了点头，仍然不慌不忙地说："当然！这就要看你们的了。只要你们在报道中稍稍露出一点口风，德国情报机关就会知道。他们是非常敏感的。尽管如此，我们也不打算审查你们的稿件。这件事完全凭你们每个人自己的责任感来对待吧。"

听到这里，一位记者忍不住大声地惊叹道："好厉害的手段啊！"

结果，这次军事行动真的就没有走漏一点风声。

就这样，艾森豪威尔凭借自己注重大局，善于与各种人密切合作的作风赢得了极高的国际声誉。不仅后来者居上，超过了当时风头正盛的巴顿，被提拔为五星上将，战后还当选为美国总统。

通过艾森豪威尔成功的故事，家长们应该可以获得这样的启发。作为男孩的家长，要提醒儿子人生中存在着许多竞争和挑战，因此必须怀有一定的竞争意识。但是，与此同时，为了取得更好的效果，也不可忽视了合作精神。独木难成林，要想成为一名成功的男人，必须重视团结协作，善于和他人搞好关系。只有这样，才能克服巨大的困难，完成许多复杂的任务。

为了在日常生活中培养孩子的合作精神，男孩父母们可以尝试采用下面几种方法：

1. 让男孩认识到，我们需要别人帮助来取得成功

人不能生活在真空之中，更不能在与世隔绝、孤立无援的状态下完成自我实现。身为男人，如果不能实现作为个人的自己与作为社会一分子的自己，这两者之间的平衡，就很容易在竞争中迷失自我，或者在对外部成功的盲目追求中使自己与世隔绝，最终成为工作生活中的双重失败者。相反的，如果可以把竞争和合作理性地结合起来，实现两者间的矛盾统一，将更有助于自我价值的最大化体现。

2. 让男孩参加家庭劳动并与家庭成员合作

为了培养男孩的合作精神，父母可以首先在家庭内部为孩子创造一种团结协作的环境，鼓励孩子对家庭事务发表意见，并承担一些自己力所能及的家务劳动。对于孩子承担的任务，父母不能走过场、当儿戏，而是要以团体领导者的身份来检查孩子的工作，提醒、督促他作为一个团体成员必须尽到的自己职责，改善大家共同的生活环境。

3. 经常让男孩参加家庭会议

对于孩子来说，参加家庭会议是很有诱惑力的。他们会觉得新鲜、有趣，并且会因为能够与大人"平起平坐"的讨论家庭大事项而充满自豪感。对于未来将要扮演"一家之主"角色的男孩们来说，这样的活动往往更加具有吸引力。

4. 强化男孩的合作思维

培养孩子的合作精神，也包括教会他们懂得如何协调自己与他人的利益，心中有他人，处处为他人着想，使得团体的预期目标得以顺利实现。所谓"心中有他人"，并非要求孩子完全放弃自己的要求，盲目迁就他人，而是要让他们懂得为了保

证整个团体的秩序不被打乱，团体中每个成员的要求都能够在最大限度上得到满足，就需要大家都向同一个方向努力，学会考虑如何做才能使团体的利益得到最好的保护，同时又兼顾自己的利益。

类似这样的训练，最初可以在家庭内部展开。父母要让孩子意识到家庭中还有起他人的利益必须得到照顾，不能因为无限度地迁就孩子的愿望，而让自己做出过多的牺牲。要让孩子学会站在别人、站在集体的立场上思考问题，不能总想着自己需要什么，还要想想整个家庭需要什么。

5. 让男孩学习与人交往的技巧

所有团体都拥有属于自己的"游戏规则"。父母应该让孩子从小懂得这样一个道理。获得任何一个团体接受和好感的前提，就是遵守这个团体的规则，并且恰当得体地与团体中的成员交往相处。遵守规则，是构成团体合作的基本技巧。

通常来说，从小守规则的孩子往往更受同伴的欢迎，成年之后也更容易融入不同的团体之中，与他人展开合作。认识到这一点。父母就可以通过有意识地培养孩子的交往技巧来提升孩子的合作精神。例如，当孩子与小伙伴的观点出现不一致时，父母就可以引导孩子认真考虑朋友的建议和意见，既坚守自己的原则底线，又同时兼顾到他人要求，通过一种礼貌而易于接受的方式与小伙伴进行合作，实现互利和双赢。

第五节　强化男孩的集体荣誉感

合作离不开团队，想要培养良好的团队意识，集体荣誉感就不可或缺。在美国的学校里，学生们对集体荣誉感从来不会感到陌生，因为它是如此常见，甚至已经渗透到校园的每一个细胞之中。

体育运动是美国校园里必不可少的元素之一，同时也是集体荣誉感体现最为明显的地方。几乎每一所学校都有自己的运动队，或篮球队，或橄榄球队。一般来说，这些球队都会有属于自己的队名、队徽、口号和吉祥物等。每当有比赛时，男孩们在场上拼搏，女孩则作为啦啦队，在场边对队员鼓劲加油。在这一刻，几乎每一个人的热情都被调动起来，将自己全部的能量都挥洒在运动场上。就这样，当时间一年一年地流逝，新队员代替老队员，永恒不变的是那些队名、队徽、口号和吉祥物。每一名新队员入队后，首先会感觉到的就是自己成为了这个团队的一分子，在他身上将是这个团体的传承与延续，而这就是集体荣誉感。

下面一个故事，为我们很好地讲述了集体荣誉感对男孩行为的约束作用。

作为一名成功的书商，威廉·博伊斯在1909年时已经拥有了数百万美元的身价。虽然十几年来他在生意场上一直春风得意，但他真正的兴趣却并不在这里。在他的身体里，跳动的是一颗探险家勇于冒险的精神。因此，早在数年前，博伊斯就精心准备了一次远征活动，他准备从美国出发，借道伦敦，然后径直前往南非。与他同行的人员包括著名摄影师乔治·劳伦斯和漫画家约翰·麦卡琴，他们此行的目的就是前往南非，进行一次前所未有的图画之旅。

到达伦敦后，威廉·博伊斯一行人进行了短暂的停留休整。在20世纪初，伦敦正以雾都之称闻名于世，由于此时大部分伦敦居民都以煤作为家居燃料，再加上天然的潮湿气候，因此伦敦市区经常被大雾所笼罩。这一次，博伊斯可算领教了伦敦的天气，在大雾中，他根本看不清周围的环境，没一会儿就迷了路。他在迷雾中摸索着前进，每碰到一个人，就向其打听自己要去的目的地，但每次按照别人的指点走动百余米，便再次陷入迷茫之中。正当博伊斯不知所措的时候，一个小男孩出现了，在得知博伊斯的困难后，竟然主动提出为他领路。于是，博伊斯便跟随这位小男孩，在伦敦的大街小巷中不断穿行。小男孩看起来对伦敦的大街小巷非常熟悉，并不断为博伊斯讲解有关伦敦的各种历史和传说，使得博伊斯的此次雾中之旅，竟然变得十分惬意。

很快，他们就来到了目的地，对于这么快就结束了旅程，博伊斯甚至感到有点意犹未尽。于是，博伊斯提出付给小男孩领路费作为报酬，但让他吃惊的是，小男孩却拒绝了他的好意。

博伊斯问小男孩道："你难道不想用这个钱去买些美味的面包来吃吗？"

小男孩回答道："想，但是我不能要你的钱。"

博伊斯感到十分迷惑，好奇地问："是你的父母不让你拿陌生人的钱吗？没关系的，这个钱是付给你领路的报酬，是你应得的。"

小男孩说道："不。我不能要你的钱，不是因为我的父母不允许，而是因为我是一名童子军！按照童子军的规定，我们不能因为做好事而领取报酬。"

这个回答让博伊斯更加好奇，问道："童子军是什么？"

小男孩回答："是我们的一个组织，教我们学习各种本领。能够参加童子军，是这里每一个男孩的梦想，是一份非常高的荣誉，所以我们每一个人都很珍惜这份荣誉。"

博伊斯又问道："那你能不能具体给我讲讲童子军？"

小男孩同意了。他们花了几个小时的时间谈论童子军，小男孩向他介绍了关于童子军的各种活动，以及规章制度等等。博伊斯就此被童子军这一组织深深地吸引住了，搜集了大量童子军的相关书籍。他甚至上门拜访了英国童子军的创始人罗伯特·贝登堡，向他请教了关于童子军的各种问题。其中最让博伊斯吃惊的，就是童子军给男孩们带来的荣誉感。在与小男孩的交谈中，博伊斯可以明显感觉到童子军对他产生的影响。他热爱并关心着这个集体，自觉地为这一集体尽义务、做贡献、争荣誉，而这一集体则认同他的存在，与他休戚与共，在获得成员信任的同时，给予成员以重视和信任，使得成员能为处于这一集体中而感到欣慰、光荣、骄傲和自豪。这就是我们常说的集体荣誉感。

对于我国当前的教育来说，集体荣誉感的培养是一个特别需要重视和加强的方面。比如，就家庭环境而言，独生子女的增多，以及对男孩溺爱程度的增加，使得孩子越来越以自我为中心，只关注自己，不顾及他人的感受。长此以往，他们将很难融入集体之中，甚至在人际交往技巧方面出现严重缺失。就学校环境而言，由于关注重点仍在学习成绩上，对于作为个体的学生，或多或少表现出某种疏远与漠视。得不到集体认同的孩子，自然也就很难培养出集体荣誉感。

其实，集体感对于男孩而言十分重要，它是一种积极的心理品质，是激励男孩奋发进取的精神力量。在集体生活中，个人将逐步体会到集体荣誉与自己的关系，体会到个人在集体中的地位。当集体受到赞扬、奖励的时候，就会产生荣耀和自豪的感觉；当集体受到批评或惩罚的时候，就会产生不安、羞愧和自责的感情。因此，为了更多获得荣耀等正面感情，减少不安等负面感情，男孩们会自觉地刻苦努力、不断奋进，

117

为集体、也为自己赢得更多荣誉。

　　培养男孩儿的集体荣誉感，就要鼓励男孩更多地参加到集体活动中去。如参加足球、篮球比赛，或者加入某些兴趣小组，既可以锻炼身体、增长知识，又能培养男孩的合作能力，从而增强集体荣誉感，可谓一举多得。

　　在培养男孩的集体荣誉感方面，美国童子军组织为我们提供了一个很好的榜样。成为童子军是美国绝大多数男孩的梦想，因此，一旦真的成为其中的一员，他们会十分珍惜这一机遇，并且为了所属小组的荣誉而尽心尽力。由于很多家长也曾参加过童子军，所以他们会陪伴孩子一起参加各种活动。这样，在不断与父母和小伙伴的接触过程中，无论是亲情还是友情，都得以取得长足的进步。在童子军的各个小组间还经常举行各种比赛，这样既可以督促男孩刻苦练习学得的技能，也可以进一步培养他们的集体荣誉感和团队合作能力。此外，在个人认同方面，由于童子军下辖每个小组的人数都不是很多，因此小组内的每个孩子都可以受到充分的重视和关注，也就不会产生被集体忽视的感觉。

　　美国童子军之所以能够取得这样的成绩，首先就要感谢那位在大雾中迷路的书商——威廉·博伊斯。当博伊斯最终和同伴们离开伦敦时，他的皮箱里塞满了各种关于童子军的材料，以及他的设想。此时，在威廉·博伊斯心中，已经开始酝酿一个大计划了。回到美国后，博伊斯开始着手创建属于美国男孩的童子军组织，1910年2月8日，美国童子军组织正式成立，而博伊斯则因成为美国童子军的开创者而被后世铭记。

第 7 章

成功与失败

人的一生有高潮、有低谷，总要经历成功与失败。要想成为一名成功的男人，就必须经得住失败的考验。面对成功，不骄不躁；面对失败，不气不馁。正如美国人常说的一句话："只有坚强的意志，才有伟大的生活。"人在逆境中必须学会坚强，唯其如此，才能勇敢地面对人生道路中的风风雨雨，并最终走出逆境，赢得人生的辉煌。

身为男孩的父母，你有必要教会自己的孩子理性地看待失败，永远不失去前进的勇气；同时，你更有必要教会他客观地看待成功，不要因为暂时的得意迷失自己前进的方向。

第一节　成功三步曲

所有父母都希望培养出优秀的男孩，让他不仅能在同龄人中脱颖而出，更能在今后的生活与工作中取得成功。能够培养出生活如意、事业成功的孩子，对于每一位父母来说，不仅仅是职责，更是自己一生的骄傲。

53岁的达科·柯霍尔老人就拥有这样的骄傲，在社区里，他获得了所有邻居的尊敬，并且几乎每周都会收到邻居的邀请，让他到家中做客。柯霍尔老人有两个儿子、一个女儿，如今他们全都事业有成。众所周知，在美国收入颇丰的两个职业分别为律师和医生，而这正是老人两个儿子的职业；而他的女儿则将更多的时间奉献给教堂。人们经常会问柯霍尔老人，如何才能培养出优秀的孩子，柯霍尔给出的答案就是：学习。

成功是可以复制的，至少对于柯霍尔老人来说是这样的。他会不厌其烦地给孩子们讲述这样一个故事：

1848年，一个男孩降生在美国新罕布什尔州桑顿桥森林地区，这是一片贫瘠的土地，这里的人们过着清贫的生活。对于男孩来说，他的生活格外糟糕。3岁的时候母亲因病去世，7岁的时候又失去了父亲。为了生存，男孩只好寄人篱下，去给有钱人家做帮工。这样的生活同样悲苦，男孩既吃不饱也穿不暖；他没有朋友，还要受到主人孩子的嘲弄；他没有长辈的关怀，只有主人的责骂。每当不能忍受的时候，男孩就会离开，选择新的人家寄养，但情况始终没有好转。终于在第六次改换门庭后，男孩想通了，他知道依靠别人不会让自己的生活好转，想要获得成功，只能依靠自己。于是，从14岁开始，男孩开始在做工之余尽可能多地读书，并在9年后进入大学，开始了正规学习。又过了9年，他获得了如下文凭：波士顿大学学士、奥拉托利会学士、波士顿大学硕士，哈佛医学院博士，以及波士顿大学法学院学士。同时攻读多个科目并没有影响他的收入，毕业前夕，男孩已经积攒了将近2万美元的家底。在19世纪90年代初，2万美元对于像男孩一样穷困人家的孩子来说，可是一笔巨款。但男孩并没有为此而自满，到了40岁，他已经成为全美范围的旅店大亨。

也许讲到这里，大家已经知道这个男孩的姓名了，他就是奥里森·马登，美国的成功学之父，《成功》杂志的创始人。柯霍尔老人曾将马登树立为自己的榜样，等到有了孩子，同样用马登的事迹激励他们。他告诉孩子们，通过学习马登的成功轨迹，他们也有机会取得属于自己的辉煌。

孩子们实现了老人的梦想，他们不仅事业有成，更像马登一样回馈社会。也正因如此，柯霍尔老人才能得到社区里居民如此普遍的敬重。

在这里，我希望和各位父母们分享一下马登的成功学经典理论，希望这能够为您教育出优秀的男孩提供一些借鉴：

1. 激发自己的潜能。人的一生中，无论在何种情形下，你都要不惜一切代价，走入一种可能激发你潜能的环境中。努力接近那些了解你、信任你、鼓励你的人。

2. 不要给自己留退路。如果你养成了决策以后不再更改的习惯，那么在决策时，就会运用你自己最佳的判断力。正因如此，不要轻易做决策，可以在决策前进行多次调查和试验。

3. 锻造一生的资本。体力和精力是我们一生成功的资本，我们应该阻止这一成功资本的无效消耗，要汇集全部的精神，对体力和精力做最经济、最有效的利用。

4. 通往成功的钥匙。许多人之所以会碌碌无为，就是因为贪图省事，或是缺乏自信。一个人不敢表现自身的潜力、表达自己的意愿，实在是人生的奇耻大辱。

5. 脱离贫穷的秘诀。贫穷本身并不可怕，可怕的是贫穷的思想，以为自己是命中注定，命途多舛。如果你走在人生的道路上，却看不到前方的希望所在，就应该立即掉头，转向另一个方向。

6. 培养正直的品性。在你作一个律师、一名医生、一个商人、一个农夫、一名议员，或者一个政治家时，都不要忘记：你是在做一个"人"，要做一个具有正直品格的人。这样，你的职业生涯和个人生活才能有重大意义。

7. 调整自己的情绪。人在忧郁沮丧的时候，也是自信心的最低谷。要尽量避免这种负面情绪，尽量想积极的事情。对待他人，也要表现出最仁慈、最亲热的态度，说出最和善、最快乐的话。

8. 加强自我认知。人本身就是一种神奇的力量，充满创造力。但许多人并不能深入自己的潜意识中，去开发那些供给身体力量的源泉。因此，我们应该努力加深对自己的认知。

9. 结交良朋益友。任何青年人一进入社会，都应该学会接人待物、结交朋友的方法，以便互相提携、互相促进。否则，单枪匹马将很难获取成功。

其实，成功的轨迹确实有迹可循，对于家长来说，我总结出三点经验，并将其称为"成功三步曲"，希望能对大家有所帮助：

第一步：建立男孩的自信

有个男孩从小口吃，可母亲却觉得这不是缺陷，她对孩子说："你有点口吃，正说明了你爱动脑筋，想的比说的快些罢了。"在母亲的鼓励下，男孩的自信心得到极大提升，并下决心通过努力主宰自己的命运。这个口吃的男孩就是杰克·韦尔奇，他长大后成为美国通用电气公司董事长，被称为世界第一经理人。

对于成功而言，自信心的作用不言而喻。要建立起万丈高楼，首先就要打好夯实的地基。所谓自信心，就是相信自己的力量，相信自己的能力，相信自己的作用。正如爱默生所言："自信是导向成功的第一要诀。"

第二步：帮助男孩坚持目标

曾经有个男孩对母亲说："终有一天，我要到月亮上去！"面对儿子的突发奇想，母亲没有笑话他，而是很认真地说道："好啊，但是，你可千万别忘记回家哦！"后来，这个男孩长大成为一名航天员，并且成为了第一个登上月球的人类，他就是阿姆斯特朗。

对于未来的发展道路，正处在智力发展阶段的男孩很难认识清楚。在男孩看来，未来有无数个可能性在等待着他们，因此很容易出现喜新厌旧的情况。此时，作为父母，有义务帮助男孩坚持自己的目标，告诉他们，只要有决心、有毅力，即使看起来再荒诞的梦想，也能够得以实现。不过父母应该注意，这里所说的是帮助孩子坚持目标，而不是确立目标，男孩应该自己选择人生的道路，在这一点上，父母应该充分给予男孩尊重，让他们能够按照自己的意愿成长。

第三步：鼓励孩子实现梦想

曾经有个15岁的男孩告诉母亲，自己将来一定要竞选总统，母亲回答他说："孩子，我相信你能行。妈妈也曾有过这样的梦想，只是后来我觉得做一个让病人都喜欢我的护士更适合我，于是我就放弃了这个梦想。现在，对你来说，也许正是实现这个梦想的最好时机。"后来，这个男孩真的实现了自己的梦想。他就是比尔·克林顿，美国最有魅力的总统之一。

面对男孩的梦想，你是认真对待，将它作为未来无数可能性中的一种；还是哂笑了之，当作孩子的突发奇想呢。如果这仅仅是个问题，恐怕每个父母都会选择前者。但当真实情况发生在我们身边时，绝大部分父母就会不由自主地选择后者。所以，作为父母，应该培养出一种鼓励的习惯。对于男孩的成功而言，没有什么比父母的鼓励更能激励男孩，让他坚持在自己选择的道路上前行。鼓励适用于所有孩子，可以说是对孩子进行家庭教育的最基本原则和方法。无论在美国，还是中国，那些成功的家长，无不深谙表扬孩子之道，都是表扬孩子的艺术家。

第二节　教会男孩面对成功

现在孩子的生活中其实并不缺乏鲜花和掌声，特别是那些家庭条件优越的独生子女，几乎从呱呱坠地的那刻开始，就被父母、亲朋的赞扬、鼓励包裹着。相信很多人都曾经见到这样的场景，每年9月各高校开学的日子，校园里随处可见前来报到的新生，以及陪同报到的亲属。常常是父母、祖父母、外祖父母，甚至姑姑、舅舅，七八个大人，大包小包、前呼后拥，众星拱月一般环绕着一个孩子。被围绕在人群中间的孩子志得意满，在大人的齐声喝彩之中，骄傲之情溢于言表。这样的画面几乎成了现而今中国孩子幸福生活的一个缩影。

然而在现实中，生活不可能总是那么一帆风顺，随着生活阅历的不断增加，各种各样的挫折与失败也就在所难免。于是，以单纯、宁静著称于世的"象牙塔"里又经常传出这样不和谐的杂音：某某学生因为考试不及格跳楼；某某学生因为失恋割腕；某某学生因为求职失利吃了安眠药……如此种种，折射出的是中国学校、家庭教育中"挫折教育"的缺位。在那个被父母师长刻意营造的完美世界里，很多孩子已经被生活表面的一帆风顺所蒙蔽，失去了对自己进行客观评价的能力，既不会客观地面对成功，也不会理性地面对失败，最终在生活的纷繁复杂中迷失了自己。

人必须学会面对挫折，这是很多人都明白的道理；与此同时，人也必须学会面对成功。有美国战神之称的巴顿将军曾经说过："历史上很多伟大的将领恰恰是在自己最得意的时刻，而不是自己最失意的时刻走下神坛"。所谓"成功"与"失败"看似有天渊之别，其实却是一枚硬币的两面。这两者的关系处理得恰当与否，就成为一个人能否在工作和生活中取得真正成功的关键。有鉴于此，美国的家庭与学校都十分注重对于男孩面对成功的教育。在我看来，有一种方法，对于培养男孩理性面对成功很有指导意义，那就是挫折教育。

约恩·法尔考在经过漫长的等待后，终于拿到了哈佛医学院的录取通知书，于是，他来不及回家，就迫不及待地用手机将这一消息告诉给了家里人。当他兴冲冲地回到家里时，本以为父母会为他举行一场小小的派对，以示赞许，但眼前的情景却让他吃了一惊。家里并没有挂起自己想象中的条幅，也没有亲戚朋友前来庆祝，只有父亲一人坐在客厅里等着他。对于性格外向的父亲来说，在这样特别的日子里竟然如此沉默，显得十分不寻常。

约恩走到父亲身前，有些失望地说道："我被录取了，还以为你们会很高兴。"

"我和你母亲当然为你感到高兴，你是我们的骄傲，但同时，我们还感到其他一些东西。"父亲说道。

"什么东西？"

"你的骄傲。"

父亲的话仿佛一头冷水，让约恩从兴奋中迅速冷静下来。然后父亲拿出了一张纸条，上面写满了医学术语和复杂的化学符号，问约恩道："这里面的东西你知道多少？"约恩呆呆地看着纸条，上面的东西对他来说如此陌生，根本就不知道应该从何说起。

虽然只是过了几分钟，但这段时间对约恩来说仿佛就像是过了好几个小时。然后父亲说道："虽然你进入了哈佛医学院，但对你来说，需要学习的知识还有很多。中学的辉煌已经结束，接下来你将面临一个全新的开始。这是另一场比赛，所有人都站在同一条起跑线上。所以，不要让曾经的辉煌扯住你的后腿，继续加油，继续获得成功、创造辉煌！"

约恩明白了父亲的意思，高中时期的一点点成就根本不足以让他立足社会，想要在今后的生活与工作中获得成功，只有继续努力，丝毫不能懈怠。于是他冲父亲点点头，说道："我保证，一切将重新开始。"

父亲脸上终于露出了笑容，拍了拍他的肩膀，说道："走吧，你妈妈已经在餐厅订好了餐，我们全家好好庆祝一下。"

获得成功是许多人毕生的追求。儿童心理学的研究显示，相比女孩，男孩往往更加渴望参与竞争，获得成功。然而由于天生的心理弱点，很多男孩在取得了一些很小的成绩之后，就开始沾沾自喜、故步自封，躺在曾经的成绩上睡大觉，最终失去了使自己得到进一步提升的机会，导致了一次又一次"江郎才尽"的悲剧。某些父母不明智的家庭教育方式，在某种程度上也起到了推波助澜的作用。教会孩子用正确的心态看待成功，对于那些有可能"捧杀"自己儿子的父母们的启示就在于：成功有时候未必完全是好事，身为男孩父母，在鼓励儿子不断追求成功的同时，还必须引导他理性看待自己已经取得的成绩，永不满足，永不停下脚步；只有这样，才能更为持久地在人生的博弈中保持主动地位。

现如今的孩子的身心日趋脆弱，经常表现出怯懦、任性、自私、孤僻、懒惰等消极心理状态，从小被父母师长"泡"在蜜罐里，沉浸于虚幻的成功感之中，对未来可能遇到的挫折、困难缺乏必要的心理准备。之所以会出现这样的问题，主要原因就在于社会、家庭的呵护，被"给予的"太多，被"约束的"又太少，使得他们从小在一个过度顺利的环境中生活，很难具备坚强的意志和优良的生活能力。这对于孩子，特别是那些更应该从小经风雨、见世面的男孩子的成长来说，显然是不利的。

有鉴于此，美国教育学家布鲁贝克提出了所谓"挫折教育"的教育理念。主张对那些从小家庭环境优越，遭受挫折较少的孩子，家长不妨有意给他们制造一些适当的挫折，使孩子从小便开始对生活中可能遇到的各种问题具备一定的抗打击能力。通过有意给孩子一些令他不满意、不舒服、不愉快，甚至难受的外界刺激，增强孩子的心理承受能力。这对于孩子成年之后适应复杂的社会，成功经受各种挫折和困难，将起到非常有效的"预防"作用。

为了增强男孩面对挫折的心理承受能力，家有男孩的父母们可以根据儿子的年龄，以及心理承受能力，尝试着采用下面这些办法。

1. "饥饿"挫折教育

父母可以在恰当的时候，比如户外野营或者长途旅行的过程中，让孩子适度尝试一下饥饿的滋味。因为现在的很多孩子平时可以享用的营养品、补品太多，几乎零食不离口，不好好吃饭，经常挑食、拒食。对于这样的孩子，父母不妨有意识地让他挨挨饿。不仅可以刺激孩子的食欲，还可以通过饥饿，在心理上对孩子进行适当的打击。让他明白生活本身并不是像父母所给予他的那样，始终充满鲜花和掌声。

同样的道理，父母也可以通过拒绝孩子的某些过分要求，比如购买太过昂贵的衣服、玩具，使孩子在心理上体会"饥饿"感，起到与身体饥饿刺激相同的作用。

2. 困难打击教育

在父母温暖怀抱中长大的孩子，生活一帆风顺。长大后稍遇困难就束手无策，表现出胆小、依赖、意志薄弱等消极状态。因此家长有必要从儿童时代开始，有意识地为孩子人为设置一些障碍，增强孩子的心理承受能力和克服困难的勇气。比如在孩子走路摔跤的时候，就不要急于去扶他，要让孩子自己站起来，即便孩子因此多摔几回也没关系。再比如对于那些关了灯就不敢独自睡觉的孩子，家长就可以通过采用某些强制手段，帮助他克服内心的恐惧心理。对于那些喜欢赖床、睡懒觉的孩子，父母则可以催促他早起早睡，清晨跑步锻炼的方式，磨炼孩子的意志。

3. 劳累挫折教育

很多父母总是认为孩子还小，做不了什么事，就什么活儿也不让孩子干，甚至连学校的卫生值日也包办代替。孩子从小不劳动，不知道什么是生活的辛苦，就难免变得懒散依赖、意志薄弱。不仅不利于心理成长，也可能影响身体发育。为了避免出现这样的情况，家长可以放手让孩子自己做一些力所能及的事情，比如自己整理床铺、洗衣服之类，从小锻炼孩子的身心素质。

4. 批评挫折教育

孩子都喜欢听好话，听到批评就会不高兴。在这方面，父母必须学会坚持原则，该批评的时候就要批评，不能一味地顺着孩子的性子。要让孩子从小就知道对错、分清是非，感受到来自外部环境的约束，认识到自己的有限性。

总之，所谓"挫折教育"，就是要通过人为设置一些适当的障碍，让孩子从小就明确地感受到人生的道路并非畅通无阻的，遇到困难和挫折是常有的事情，不断强化孩子的抗打击能力和生存意志。

第三节　不被暂时的荣誉击倒

约翰·约瑟夫·潘兴1860年9月13日出生在美国密苏里州拉克利德市近郊，是美国历史上著名的将军。潘兴从军早年主要率领军队在美国西部和印第安人作战，并且积极主张吸纳有色人种、少数民族参加美国军队。

1898年，美国为了和西班牙争夺殖民地，发动了"美西战争"。潘兴率领自己的部队参与了其中的很多战役，并于1899年攻入曾经是西班牙殖民地的菲律宾。这之后，潘兴还担任过美国驻日本东京大使馆武官，以观察员身份全程观摩过日俄战争。1909年，潘兴回到已经成为美国殖民地的菲律宾，被任命为莫罗省省长。

1916年美国和墨西哥爆发冲突，潘兴又率部队参与其中，差点俘虏了对方的一个将军，可惜最后没有抓到。值得一提的是，在这场战争中，后来的美国二战名将巴顿将军就在潘兴手下服役。

"一战"爆发之后，美国最初采取"坐山观虎斗"的绥靖政策，最终还是打破中立，站在了协约国的一边。1917年威尔逊总统任命潘兴将军为美国远征军总司令。如鱼得水的潘兴施展出惊人的才干，在正式开战前1个月，将两百万尚不知战争为何物的美国新兵训练成可以参战的战士，为美国最后赢得战争积蓄了巨大的战略力量。

美国正式参战之后，后来的美国名将、政坛明星乔治·马歇尔被任命为潘兴的副手。潘兴对当时英法军队的战场表现非常不满，和马歇尔一起制订了缜密的作战计划，责令手下部队积极进攻。在美军的重拳打击之下，德军节节败退。1918年11月初，潘兴率领所辖部队两百余万人，对德军发动总攻，突破兴登堡防线，迫使德军全面投降。潘兴因此一战成名，被公认为当时美国最著名的将军。

鉴于潘兴的杰出贡献，美国国会曾经提议授予他"三军总司令"的头衔。这对于任何美国军人来说都是一项极其崇高的荣誉，因为在此之前，只有美国开国总统华盛顿得到过这样的荣誉。然而功成名就的潘兴并没有被成功的喜悦冲昏头脑，他有礼貌地拒绝了国会的任命，理由是自己的功绩还不足以和华盛顿比肩。后来，又有人建议潘兴参加美国总统竞选。按照他当时在美国的声望，只要宣布参加竞选，当选就是板上钉钉的事情。但是潘兴还是有礼貌地拒绝了，理由是自己只是个纯粹的军人，带兵打仗是自己的天职，却并不具备领导整个国家、处理日常事务的能力。

舍弃一切荣誉，退休回家的潘兴将全部精力投入到回忆录的写作中，完成了《我在世界大战中的经历》一书，并于1932年获得了普利策奖，再次让世人惊叹。

潘兴一生志向高远，通过自己的努力屡建奇功，获得了巨大的荣誉，却又不被这些荣誉所击昏。在处于人生顶峰的时候，准确评估自己的成绩和能力，及时急流勇退，开辟新的事业。这种人生智慧是值得每个人学习的，也是那些家有男孩的父母们在实施家庭教育的过程中应该有所借鉴的。男孩渴望参与竞争，并且能够取得一定的成功，这是好事，但是与此同时，家长也应该提醒孩子，不要被暂时的成绩冲昏头脑，迷失了对于自己能力的准确评价。想成为一名成功的男人，必须学会冷静、理性地承受失败，更要学会冷静、理性地面对成功，败不馁、胜不骄，不断提升自己，始终保持前进的动力。唯其如此，才能实现自身潜能的充分发挥。

为了有效保持男孩自信心，同时又不会让他因为暂时的成功沾沾自喜，影响到未来的发展，身为男孩父母，你可以尝试下面的3个办法。

1. 在男孩取得成绩之后，及时进行适度鼓励

儿童教育心理学研究显示，孩子在完成任何一项任务之后，都极其渴望得到来自父母师长的评价，特别是那些正面积极的评价。因此，当孩子取得成绩的时候，父母可以适当使用"表扬法"，为孩子加油鼓劲，增强的孩子自信心。

2. 在表扬的同时提出适当的意见，提高男孩的反省意识

任何事情都是具有两面性的，"表扬法"的使用也是如此。如果家长一味地表扬孩子，甚至盲目到了"哄"和"捧"的地步，就可能让孩子丧失对于自身进行客观判断的能力，认为"老子天下第一"。这样不但有可能适得其反，让孩子志得意满，丧失继续前进的斗志，还可能会降低孩子对于未来可能遭遇的挫折和失败的承受能力，出现前文提到的种种问题。

因此，家长在使用表扬法的过程中，还必须与适当的客观评价相结合。让男孩在看到自己进步的同时，不忽略自身仍然存在的不足。正确面对已经取得的成绩，通过总结经验教训，不断提高自身的反省意识。

3. 为男孩制定一个阶段任务表

家有男孩的中国父母们在实施家庭教育的过程中，可以协助、引导儿子为自己的学习生活制定阶段性的计划。计划中规定的目标应该是孩子力所能及的。每一阶段的任务与前一阶段

相比，又应该适当增加一些难度。这样就可以在保持男孩求胜意志的同时，避免其产生骄傲自满情绪，将成功的喜悦转化为不断挑战难关的动力。

第四节　让男孩在逆境中学会坚持

有句话说得好：人生不如意事常十之八九。在现实生活中，除了极少数幸运儿，多数人的生活恐怕还是挫折的痛苦要多于成功的喜悦。因此，要想将自己的儿子培养成为一名成功的男人，不仅要让他学会在顺境中保持清醒的头脑，也要让他学会在逆境中保持必胜的信念，多坚持一分钟，再拼搏一次。在美国的课堂里，流行着这样一个感人的故事。

数九寒天，一座城市被敌人包围了，如果第二天下午援兵仍然无法赶到，整座城市就会被敌人占领。情况万分危急，驻守城市的将军决定派出一名士兵到河对岸50公里之外的另外一座城市求援。

士兵领受命令之后，马不停蹄地赶到渡口，却找不到一只可以摆渡到大河对岸的船，因为船夫全都为了躲避战乱逃难去了。如果自己过不了河，全城人的身家命就可能毁于一旦。想到这里，士兵心急如焚，头发都快要愁白了。

在焦急和等待中，太阳落山了。无情的黑暗和寒冷更加加剧了士兵心头的恐惧和绝望，他觉得这是有生以来经历过的最难熬的一夜，自己这回可能真的走投无路了。屋漏偏逢连阴雨，半夜的时候，鹅毛大雪又落了下来。又冷又饿得士兵变得更加绝望，他几次想要上马回城，却又不忍心放弃全城人最后的希望。极度绝望的他紧紧抱着战马取暖，心里默默念叨着："上帝啊，求你让我再坚持一分钟，让我再坚持一分钟。

终于，东方的天际渐渐露出了鱼肚白。

抱着"再试试看"心态的士兵又一次牵马走到河边，却异常惊喜地发现，由于一夜的寒冷，原先不可逾越的大河已经被冻住了，骑马就可以过去。士兵欣喜若狂，上马飞奔过了河面——城市终于得救了。

巴拿马运河总设计师戈瑟尔斯曾经说过："身处逆境，能否多坚持一分钟，是人才和平庸之徒的分水岭。"故事里的士兵就因为"多坚持了一分钟"，不但拯救了全城军民的性命，自己也成为了万众瞩目的大英雄。身为普通人，总要或多或少遭遇挫折、面临逆境，这是每个人都无法避免的宿命。在这一点上，所有人都是相同的。所不同的是有的人身处逆境，失去了继续前进的勇气，于是就被苦难压倒，最终一事无成；有些人却始终不放弃对于希望的信念，多坚持了一分钟，多拼搏了一次，于是最终变坏事为好事，拥有了更加广阔的天地。

在20世纪90年代曾经发生过这样一个故事。对于那个时候的很多人来说，能进外企工作，享受高工资、高福利的生活，还属于遥不可及的梦想。为了得到一个进入外企工作的机会，求职者必须过五关、斩六将，使尽浑身解数，竞争十分激烈。某位名牌大学的毕业生幸运地通过了重重考核，很受公司上下的赏识。志得意满的他坚定地认为自己已经胜券在握了。没想到几天之后，正在家期盼好消息的他却收了公司不予录用的通知。经受不住突然打击的他万念俱灰，偷偷在家里打开煤气阀门自杀，却很幸运地被提前回家的父母救了下来。又过了几天，正在医院休养的他接到了那家外企的录用通知和补充通知。原来他早已被公司录用，前几天的未录用通知是由于公司员工的疏忽，把本该寄给别人的通知错寄给了他。正在大家感慨"山重水复疑无路"的时候，那家外企的人事主管却直接把电话打到了医院，正式通知这位尚还沉浸在失而复得喜悦中的高才生，他被解雇了。原来公司高层通过新闻了解到他自杀的消息，认为这位员工缺乏面对失败、挑战逆境的勇气，是不适合来他们公司工作的。就这样，这位名牌大学的高才生因为心理素质的不过硬，没能"多坚持了一分钟，多拼搏了一次"，失去了已然到手的工作机会。

美国首任总统华盛顿曾经说过："逆境中的坚韧之心，是成功的根基。胜利者不一定是跑得最快的人，而是最能耐久的人。"为了从小鼓舞儿子面对挫折的勇气，家有男孩的你可以为他讲讲下面这个流传在西点学员中间，关于华盛顿的小故事。

1775年，美国独立战争正式打响。当时驻扎在北美大陆的英国占领军有数万之众。这些英国军人训练有素，装备精良，许多官兵还曾经转战世界各地，实战经验丰富。与他们正相反，华盛顿率领的北美大陆民兵却刚刚成立不久，成分复杂，装备很差，大多从没接受过军事训练，更谈不上什么实战经验。单就军事实力来说，这群"乌合之众"根本就不是"日不落帝国"的对手。

1777年9月，英军攻占了当时北美最大的城市——费城，也就是美国《独立宣言》的诞生地。为了收服这座极具象征意味的城市，华盛顿率领大陆联军与英军展开了激战。几个回合下来，大陆军伤亡惨重，却没能夺回费城。无奈之下，华盛顿只好率部撤出战场，进行战略转移。

行军途中休息的时候，疲惫不堪、心情沮丧的士兵们一个个东倒西歪，随地而卧。身为总司令的华盛顿看着无精打采的部下，想到今后可能还要遇到更多的困难和挫折，自己也不禁眉头紧锁、愁肠百结。

就在这个时候，华盛顿无意中看到了身旁的草丛中有一只蜘蛛正在结网。正当它快要把网结好的时候，忽然天降大雨。大雨过后，已经接近完工的蛛网只剩下了几条细丝。然而蜘蛛没有灰心丧气，大雨一停，就又开始忙碌起来。只见它爬上爬下、忙前忙后，不一会儿的工夫，一张新蛛网就又接近完工了。可是不巧的是，一只莽撞的小鸟突然飞了过来，把这张即将完工的新网又撞了个大洞。蜘蛛忙活了大半天的成果转眼间就又白费了。

正当华盛顿为这只倒霉的蜘蛛深感惋惜的时候，蜘蛛却又重新爬上爬下地忙活了起来，一点一点精心修补破损严重的蛛网。经过蜘蛛锲而不舍的努力，一张完整的蛛网终于在阳光的照耀下熠熠生辉了。

目睹了蜘蛛结网的全过程，华盛顿深受启发。一个如此弱小的蜘蛛都不怕困难，百折不回，我们堂堂人类还有什么困难不能克服，还有什么高山险阻不能跨越的呢？想到这里，笼罩在华盛顿心头的愁云消失得无影无踪。从这天开始，他对自己率领的大陆军进行了更加严格的军事训练和纪律整顿，大大提高了部队的整体素质，增强了战斗力，使其成为了一支能打硬仗的队伍。这之后，经过数年艰苦卓绝的斗争，大陆军终于打败了英军，取得了独立战争的胜利。华盛顿也当之无愧地成为了美国的开国英雄。

家有男孩的你不妨在自己的家庭教育过程中把这些方法告诉自己的儿子，帮助他成为一名百折不挠的男子汉。

1. 面对困难要下定决心、坚持到底

局面越是棘手，越要努力尝试。过早地放弃努力，只会增加你的麻烦。面对严重的挫折，要敢于坚持下去，加倍努力，增快前进的步伐。下定决心坚持到底，一直坚持把事情办成。

2. 不低估问题的严重性

要现实地估量自己面临的困难，不要低估问题的严重性。否则的话，当你开始着手解决问题的时候，就会感觉准备不足。

3. 做出最大的努力

困难面前不要畏缩不前，要使出自己全部的力量来，不要担心把精力用尽。真正的成功者在面对危机的时候，会做出更大的努力。他们不会考虑什么"疲劳"、"筋疲力尽"、"无能为力"之类的事情。

4. 坚持自己的立场

要像服从自己的理智一样服从自己的直觉和信念，一旦认准了目标，就要下定决心冲上前去。顶住来自周围的压力，坚持自己的立场。某个选择是对、是错，要相信你自己的判断。

5. 生气、焦虑是正常的

当不幸把你推入危机中时，生气、焦虑都是正常的，你不必为此过分纠结，也不要过度沉浸其中，被情绪左右。发泄之后，要静下心来，对自己面对的问题进行客观的判断。

6. 不要试图一下子解决所有问题

当你开始着手解决问题之后，要满足于每次只迈出一小步，稳扎稳打。不要试图当个超人，一下子搞定所有问题。要挑一件力所能及的事，专注地就干这么一件。每一步的成功体验，都将为你采取下一步行动提供充足的信心和力量。

7. 允许别人安慰你

不要不好意思把自己的困扰告诉别人。在困境中，你应该尽可能多地向自己的亲人、朋友倾诉内心的痛苦，要给别人安慰你的机会。来自他们的安慰，将让你的内心变得更加坦然，彻底清除逆境中的无助感觉。

8. 勇于尝试

克服危机的办法不是一下子就可以找到的。不过，只要你坚持不懈地寻求新的出路，愿意竭尽所能地进行尝试，就一定可以找到解决的办法。

第五节　帮助男孩走出挫折的阴影

说了那么多，无论冷静的判断，还是坚定的信念，都是身临逆境的当事者自己所应具备的素质。的确，人有的时候很孤独，除了自己，几乎无可依靠。然而与此同时，人又是一种社会化的动物。当遭遇挫折、困难的时候，每个人也应该尽可能地从周围的亲人、朋友那里寻求适当的引导和抚慰。

一般来说，心理挫折是指人在实践活动中遇到障碍或者干扰致使预期的目标不能达到，需要不能满足时所产生的情绪失衡状态，包括紧张、焦虑、沮丧、困惑、愤懑，甚至迁怒、攻击、自杀等等，都是心理受挫的情绪反映。每个人在自己的一生中都会或多或少产生挫折感，只是孩子对挫折的耐受能力要比成人低，所以更容易出现严重后果。引起孩子造成心理挫折的原因是多方面的，大致可以归纳为以下几点：

1. 目标定得过于完美，过于理想化

由于目标定得太过于完美，以至于在争取实现的过程中会因一些想象不到的困难而难以实现，就会让孩子产生受挫心理。虽然目标是一个人奋发向上的动力，它的存在意味着一个人有积极发展的健康心态，但是与此同时，目标的制定还必须考虑的周围环境，以及自身条件等诸多因素。如果不顾客观环境条件的限制，一味追求过于完美的目标，就有可能失败，进

而产生挫折感，对孩子的身心健康造成伤害。

2. 内心冲突导致心理挫折

人常常会在同一时期之内有几个动机和目标。当这些动机和目标一致的时候，人就不会产生心理挫折感，反而还会觉得自己左右逢源、春风得意；但是当这些动机和目标不一致的时候，尤其是只能从中选一，舍弃其他的时候，就很容易让人由于内心冲突导致心理受挫。例如某位学生既想使自己的学习成绩能在班级中属数一数二，又想在学生会中大显身手，同时还参加校篮球队等课外活动。结果由于各种目标无法同时达到满足，顾此失彼，结果不但学习成绩下降了，学生会工作也没搞好，篮球比赛还输了。这位学生由此便开始怀疑起自己的智商，怀疑起自己的能力，陷入焦虑和痛苦之中无法自拔。这就是由于内心多个目标冲突引起的心理受挫。

3. 心理承受能力差容易导致受挫心理

我们生活在一个复杂的社会环境中，无论一个人在生活中有多么一帆风顺，也总会在一生中的某个时刻或多或少地产生挫折感，只不过每个人对于挫折感的心理承受能力不同而已。有的人能够忍受经常性的、非常严重的挫折，而且表现出坚韧不拔的毅力。有的人则可能因为一点点委屈，就产生轻生的念头，这就是由于心理承受能力差而导致的负面效果。

总而言之，生活中的挫折是不可避免的，个体对于挫折的体验，与个体的抱负水平，以及个体对待挫折的态度密切相关。如果一个人把自己所要达到的目标定得太高，超过了实际能力，就很容易因为追求受阻而遭遇挫折。但是如果个体能够以积极的态度对待、处理挫折，那么他就不会体验到过多的挫折感，进而有效避免因为挫折所带来的负面效果。心理学中把个人遭受挫折时免于行为失常的能力，也就是个人承受环境压抑，经得起挫折的能力，叫作"挫折耐受力"。这种能力是每个人适应环境的基本能力之一。一般来说，挫折既有使人失望、痛苦、沮丧，或引起消极行为的一面，也有给人以教益，使人认识错误，磨砺人的意志的积极的一面。为了帮助孩子在逆境中化压力为动力，家有男孩的父母们应该引导孩子学会用积极的态度对待生活中的挫折，鼓励他们从挫折、失败中获取经验，提高他们的挫折耐受力。

为提高男孩的挫折耐受力，一般可以采取下列的方法：

1. 引导男孩用宽容、乐观的态度对待挫折

面对挫折，家长首先要对孩子采取宽容乐观的态度，并以这种宽容乐观的态度影响孩子，让孩子理性对待挫折。人之所以会对挫折有不同的反应，根本原因就在于他们对待挫折的态度是不同的。父母要让男孩明白，采取乐观、宽容态度的目的，就是要与周围环境保持良好的接触，以一种开放、积极的心态，尽可能地认识它、了解它、解释它。除此之外，还必须学会从多个角度去观察事物，训练自己经常移动变换观察角度，从不同侧面、用不同方法去认识各种各样的事物以及现象的能力，从而避免自己的眼界被局限在某些狭隘的范围里。

2. 帮助男孩客观地认识事物，认识自我

如果孩子为自己制定的目标过高，超过了他们的实际能力，就容易因为追求得不到满足，达不到预定的目标，或者自己损失太大而产生挫折感。所以，家长自己不但应该正确、客观地认识孩子，更应该帮助孩子理性地看待自己，看待周围的事

物，引导孩子准确地制定各种目标，既不要太高，也不要太低。

3. 协助男孩采用合理的心理调适方法

很多孩子在遭遇挫折之后，都需要摆脱挫折带来的烦恼，释放内心的不安和紧张，从而保持心理的平衡和健康。在这种时候，如果家长可以采用恰当心理调适方法，协助孩子走出失败的阴影，往往可以起到事半功倍的效果。

4. 在逆境中鼓励男孩

人生，有成功的高潮，也有失败的低谷。正如一位哲人所说："人生没有永远的赢，也没有永远的输，而人的抗压能力往往是在逆境中锻造出来的。"如今，男孩似乎越来越成为父母的宝贝疙瘩，但"过分溺爱"、"无条件服从"、"向孩子的要挟屈服"却往往成为温柔的陷阱，看似帮助孩子，实则将他们推向失败的边缘。

作为父母，当男孩遭遇逆境时，应该将其当作一次难得的考验，借机锻炼男孩的承受力和挑战极限的能力，所以，我在这里奉劝诸位父母，对待孩子，请多一分耐心，多一分信任。相信他们最终能够凭借自己的能力克服困难。

美国著名游泳运动员克劳斯科斯曾讲述过这样一个故事。他7岁的时候，离家不远处有一个池塘。有一天，他向父亲挑战，看看谁先横渡那个池塘。于是两人装好救生圈，开始比赛。刚开始一切顺利，但游到三分之一距离时，两个人都明显吃力起来。到了池塘中心，克劳斯科斯感觉手臂已经没有了力气，仿佛再抬起一英寸都觉得困难。他望向父亲，看到父亲也十分吃力地划水，于是叫喊道："我们游不过去的！"父亲就在他身前几米处，回头看了看他，喊道："眼睛看着前方，你一定能做到！"克劳斯科斯知道自己已经没有了退路，于是埋头向前游了几下，抬头吸一口气，然后继续向前划水。就这样，十几分钟后，两个人成功爬上了池塘岸边。

克劳斯科斯回忆道："我记得十分清楚，当我们爬上岸后，全都精疲力竭地躺倒在地上，连说话的力气都没有了。不过这次经历给我好好地上了一课，它让我知道，自己的极限远远超出自己想到的范围，只要我咬牙，就可以继续坚持。说来很奇怪，这次池塘历险并没有吓住我，反而让我对游泳产生了极大的兴趣，而且我知道，自己可以游多远，于是我不断挑战极限，这才有了如今的成就。"

上述心理调适法对于产生挫败感的孩子具有很好的缓冲效果，可以帮助他们尽快走出心理阴影，重新面对生活。但是任何一种方法都具有两面性，心理调适法的使用也是如此。如果被不合理使用，就会产生自欺欺人的效果，使问题难以得到有效解决。因此，家长应该特别注意这些方法的合理使用。

莎士比亚曾经说过："生存或者死亡，这是一个问题。"同样的，成功或者失败，这也是一个问题，一个所有人在自己的一生中都要反复被拷问的问题。如何理性地看待成功，不会因为暂时的得意而迷失方向；如何客观地面对失败，不会因为一时的失意而灰心丧气，将成为一个人生命高度的重要因素之一。

最后，我希望和各位父母分享一下美国教育男孩的八大黄金准则。就我看来，这些法则无疑都是教育男孩的关键所在。

1. 倾听梦想。当孩子们的志向与父母对他们未来的设计相左时，多鼓励孩子的梦想，无论在父母看来这类梦想是何等离奇，都有实现的可能。而且，孩子的梦想往往是他们成功的起步。

2. 提供机会。能力需要依靠训练来增强，需要提供机会去磨炼。因此，美国父母大多会让孩子去参加各种运动队、童子军、课外活动小组，以及其他社区组织，使孩子从小就获得待人处世的经验。

3. 充分鼓励。孩子微不足道的成功都是值得父母称赞的，这不意味着用虚假的话哄骗孩子，也不是说父母永远不能批评孩子，批评应该跟赞扬结合在一起。

4. 多问"假如"。创造性思维是生活能力的一个重要方面，那种对一个难题认真研究，并向别人演示如何解决它的孩子会问："假如我这样做了，会怎么样？"父母应当鼓励孩子多做这样的思考，这样的孩子就会从小养成三思后行的习惯，从而少走许多弯路。

5. 勇于表现。鼓励孩子在幼儿园或学校多发言，在别人面前大胆地表现自己是一个十分重要的技能。美国人是不提倡"谦虚"的，能干的事情就要敢于说我行，遇到竞争对手就要敢于拼搏！

6. 盯住成功。要鼓励孩子多想成功而少想失败，多想如何扫清障碍的办法，而少想困难的程度，从而增强孩子的自信。自信会成功的人，能够紧紧盯住目标不放，这也就大大增强了成功的可能性。

7. 允许探险。孩子乐于钦佩和追随那些愿意冒险和能应付挑战的人。可是我们这些家长，由于害怕孩子磕着、碰着、摔着，而变得谨小慎微，很难给予孩子足够的支持，让他们继续自己的探险。实际上，生存在当今日益激烈的竞争环境里，没有冒险精神是难以成功的。

8. 学会"3R"。尊重（Respect）、机智（Resourcefulness）、责任心（Responsibility）被认为是父母必须在孩子身上开发的基本特性，成功的桂冠总会落在这种人头上。他们努力按照习惯去理解和容忍，他们屡次在挫折面前另辟蹊径，他们勇敢面对自己行动产生的后果，而这些，正是促进孩子取得成功的要素。

第 8 章

风度与修养

2008年，经过长期激烈的争夺，美国总统大选终于落下帷幕，奥巴马成功战胜自己强有力的竞争对手——共和党总统候选人麦凯恩，当选为第44任美国总统。对于自己的失败，麦凯恩表现得极有风度，在11月4日晚的凤凰城演说中，麦凯恩向奥巴马的能力和责任表示了敬意，虽然在许多政策问题上，他与奥巴马都存在很大的分歧，但相信奥巴马一定会找到一个平衡点，"无论有什么分歧，我们都是美国人，"麦凯恩如是说。之后，麦凯恩向自己的竞选团队表达了自己的感激之情，他说道："当然我们今天会有失落，但明天我们的国家还会前行，竞选的失败是因为我一个人，而不是大家的错。"在演讲的末尾，他再次强调自己是个幸运的人，能够有机会与如此优秀的团队一起合作，即使竞选最终以失败告终，但他仍然以有机会为美国人民服务而感到荣幸。

在整个演说过程中，麦凯恩的风度和修养都给人留下了深刻的印象。对自己的团队表示感激，对自己的竞争对手表示祝贺，对美国人民表示敬意，对自己的付出表示无怨无悔。可能有人会认为这只不过是又一次政治家的天才表演，其实不然，如果你对美国人足够了解，那么就会发现，在麦凯恩身上汇聚的正是典型的美国人性格，一些属于美国人的风度与修养。

当然，这些风度与修养并不只属于美国人，只是在美国人的身上反映十分明显。之所以会有这样的群体性表现，一方面是父母和学校教育的结果，另一方面也离不开社会环境的熏陶。

对于男孩来说，风度与修养的重要作用不言而喻。它是男孩成长和被接受的保障，也是步入社会后为人处世的方法；它是男孩成功后获得对手尊敬的法宝，也是失败后带着尊严离开的秘诀。所以，请父母们一定不要忽视风度与修养对于男孩的重要性，学习知识可以促进男孩的智商，学习风度与修养则可以增加男孩的情商，如果要取得成功，情商与智商同样重要！

第一节　从小培养男孩的修养

风度和修养是通过后天学习获得的，对于男孩来说，模仿是最简单、也最直接有效的学习方法，所以他们会首先模仿父母的行为举止。而作为男孩的学习榜样，父亲的一言一行将直接影响到自己的孩子。

托马斯·凯尔有一个5岁大的男孩。一天，他开车带着儿子去商场购物，在汽车行驶的过程中，后面一辆轿车突然高速超车，然后迅速拐进他们的车道。托马斯急忙刹车，才没有撞到前车，但父子两人都被这突发状况吓得一身冷汗。当托马斯还惊魂未定，准备询问儿子是否受伤时，儿子突然冲着走远的前车喊了句："混蛋！"这次托马斯所受的惊吓丝毫不逊于前一次，同时也显入深深的反思之中。原来"混蛋"是他的口头禅，在生活中只要稍不如意，便会脱口而出，即便如此，大部分时候他也是没有恶意。但让托马斯始料未及的是，自己的儿子居然学会了这个口头禅，而且学习得有模有样。托马斯心想：自己的儿子只有5岁啊，这是行为举止定型的阶段，一旦这个口头禅形成习惯，再让他改正可就费劲了。想到这里，托马斯不禁自责起来。

回到家后，托马斯将这件事情告诉了妻子，两个人一起商量出了一个办法。这天晚餐时，托马斯问儿子道："你还记得今天去商场的路上，我们发生的那起小意外吗？"

"记得，那个司机是个混蛋。"儿子极力模仿大人的口吻，更准确地说，是在极力模仿父亲的口吻。

托马斯严肃地说道："你知不知道'混蛋'是个很不好的词语？这个词是不能够乱说的！"

"可是你就经常说啊？"儿子不服气地反问。

"以前是爸爸的错，爸爸向你保证，以后不再说这个词了，你能否向我做同样的保证呢？"

"可以！"

"那好，男子汉可要说到做到，你是男子汉吗？"

"当然是！"

"既然这样，就让我们互相监督，如果谁没有遵守承诺，就要负责晚饭餐具的清洗，好不好？"

"一言为定。"儿子坚定地回答。

从此以后，托马斯开始十分留意自己的言行，特别是在儿子面前。为了让孩子养成得体的风度与修养，他甚至报名参加了社区大学的礼貌学习班。而让他惊喜的是，儿子也不再使用"混蛋"这个词。这倒不是因为孩子要信守自己的承诺，而是在得知这是个不好的词语后，主动摒弃了它。这种心理每一个孩子都有过，如果你细心观察就会发现，当一群孩子开始玩角色扮演游戏时，比如警察抓小偷游戏，所有的孩子都会抢着做警察，而没有被选中的孩子，只能不情愿地选择当小偷了。正是这种"想做好人"的本性驱使，使得孩子天生向往好的举止，而厌恶坏的言行。所以，只要父母引导得当，每一名孩子都可以成为有风度和修养的小绅士。

美国父母对于男孩早期的礼貌教育十分重视，类似于"你好"、"谢谢"、"对不起"之类的礼貌用语，更是成为孩子说得最多的话。

在洛杉矶访问期间，我曾遇到一位华裔小学校车司机，他名叫史蒂文。由于都是华人，所以我很自然地便和他攀谈起来。史蒂文告诉我，当校车司机给他最大的感触，就是美国学生的礼貌。他告诉我，美国的小学生几乎总是很讲礼貌。每天早晨，他都会按时到班车点去接学生，这时，大部分孩子都已经排好队，等待着校车。他打开校车门，孩子们就按顺序进入校车，每个人上车时都会礼貌地对他说声"你好，史蒂文"，而他也会微笑着向他们问好。偶尔也会遇到这种情况，就是校车刚要开动，一名迟到的学生便出现在校车的后视镜里，向着校车狂奔。每次史蒂文都会停下车，等待着迟到的学生上车，而几乎每次学生上车后，说的第一句话都是："对不起。"

史蒂文告诉我，他很享受校车司机这个工作，其中很大一部分原因，就是因为这里的孩子让他感受到了被尊重的感觉。每次想起史蒂文说的这句话，我都不禁在想，这些很平常的礼貌用语只是出自孩子之口，就可以让一名成年人感到被尊重，那当这些孩子长大成人、步入社会后，如果依然可以拥有这样的礼貌，将是一个多么神奇的社交技能啊。

其实，培养男孩的修养并不难，只要留意一些小事，就可以很容易让男孩养成这一可贵的品质。比如，许多孩子在见着长辈的时候都不愿意问好，这时作为长辈的对方，由于顾及孩子父母的面子，经常会找一些台阶下，比如，他们会说："孩子还小，不打紧的。"而此时如果孩子的父母顺势而为，糊弄了事，就会为孩子的不礼貌打开先河。所以，每当遇到这种时候，都要坚持让孩子向对方问好。请各位家长谨记，这样做并不会丢面子，反而会让你的孩子终身受益。

第二节　在随意中彰显魅力

在我第一次去美国之前，曾经听过这样一个故事，讲的是美国人和英国人吃西餐的区别。与很多同类的故事一样，英国人都是以典型的绅士形象出现的，他们会将面前的牛排一一切成大小相似的小块，等到都切好后才开始进食。而美国人则显得格外随意，他们不会过多注重外在形式，而是更加看重实际。因此，他们在吃牛排时，会切下一小块品尝，然后再切一小块。

虽然这只是一个故事，但却真切地反映出美国人随意的性格特点。

讲到美国人的随意，就不得不提及一种美国特有的文化：西部牛仔。所谓西部牛仔，是指18至19世纪，在美国西部广袤的土地上生活的一群热情无畏的开拓者。在美国历史上，他们是开发西部的先锋，他们富有冒险精神和自由精神，吃苦耐劳且身怀绝技，因此被称为"马背上的英雄"。

对于大多数美国人来说，乃至对世界上许多人来说，美国西部牛仔都是具有个人英雄主义和神秘色彩的人物。在文学、电影和电视作品中，牛仔通常都是头戴墨西哥式宽沿高顶毡帽，腰挎柯尔特左轮连发手枪，或肩扛温彻斯特来复枪，身缠子弹带，穿着牛仔裤皮上衣，以及束袖紧身多袋牛仔服，足凳一双带有刺马钉的高筒皮套靴，颈围一块色彩鲜艳的印花大方巾，骑着快马风驰电掣，形象威猛而洒脱。对于美国人来说，牛仔精神象征了他们所崇尚的个人主义和自由精神，而他们玩世不恭的随意性格，更是被广大青年人所推崇。

其实，美国人的随意并不是大大咧咧，而是更加注重实效。就以西服为例，西服原本是西方人发明的、用于正式社交场合的服装，但在美国，除了个别职业有所要求，很少有人会主动穿着西服。还记得我第一次去美国访问的时候，为了表示尊重，穿了一身自以为很得体的西服，但走在校园里，却发现自己是如此格格不入。在这里，无论是教师还是学生，穿着都十分随意，而我却成了另类。走在校园里，我甚至感觉到学生们像在动物园中看猩猩一样打量我。而在夏日高温的校园里，这一身西服可没少让自己受罪，不一会儿，我就羡慕起学生们的短打扮来了。

后来走进校长的办公室，空调里吹出的凉风才让我稍微轻松一些。见到校长的时候，我礼貌地与他握手，然后说道："校长先生，很高兴见到你。"

校长很有礼貌地冲我笑笑，说道："你太客气了，以后直接称呼我的名字就好了。"

"好的，辛克莱校长。"

看到我仍然没有理解他的意思，校长就将话说得更明确了，"叫我辛克莱就行，大家随意一些，更容易交流。"

这就是我在美国校园里第一个强烈感受。后来随着我对美国文化越来越了解，对这种随意的理解也就越来越深刻了。曾经有一次，我到一位学生的家里拜访，在一起进餐时，儿子居然直接对父亲说："威尔，能不能帮我把盐罐递过来？"事后，我问这位父亲，"你不介意自己的孩子直呼你的名字吗？"

父亲的回答让我大吃一惊，他笑着说："当然不介意，只要他不叫错我的名字就可以了。"

对于美国人的随意，可以有许许多多不同的注解，比如辛克莱校长的随意更多地体现出一种朋友间的亲密，而威尔的随意则说明他与儿子之间的亲密关系。而除此之外，另一种更能够彰显个性的随意，就是美国人的"以我为主"。

我们都应该有这样的印象，在国内许多地方都会挂有"服装不整者禁止入内"的警告牌，这种标语甚至在公园门口的告示板都可以找到。而美国人却不吃这一套，无论是公园里、汽车站内，还是图书馆中，你都可以看到脚踏凉拖的人。在美国人看来，只要不侵犯到别人，自己如何穿戴那就是自己的自由，用不着别人来说三道四。甚至后来在美国待久了，连我也渐渐习惯了这种事情。在凉爽的傍晚，我也会脚踏凉拖，走到公园里，然后找一块草坪躺下来，享受一份属于自己的宁静。只有在你体验过那种舒适后，才会真正体验到这种美国人的随意背后，体现的是个人享受生活的权利。

其实，在人际交往中，随意是一个很能彰显个性的性格特点。当然，我这里说的随意，并不是任意而为，它的前提就是不侵犯他人的利益。在初次见面的时候，恰到好处的随意可以很快化解双方之间的尴尬，变得不再拘谨；而在朋友相处的过程中，随意的个性就更能让气氛融洽。因此，让孩子学着拥有随意的个性，掌握随意的尺度，将为他以后的人生中带来极大的帮助。

第三节　幽默感让美国人独一无二

幽默感是美国最被珍视的个性之一，毫不夸张地说，在美国，上至政府要员，下至平民百姓，无时无刻不在极力表现着自己的诙谐幽默。

即使位居高位的美国总统，也会将幽默看成自己社交处世的一大法宝。众所周知，美国总统林肯其貌不扬，有一次，一位参议员由于政治分歧，当面斥责他为"两面派"，面对这一当众指责，林肯的回答沉稳老练，他笑着对参议员说道："请在座诸位评评理，如果我还有另外一幅脸孔的话，还会带着这幅难看的脸孔来见大家吗？"众人一阵哄笑，尴尬的场面也就此结束。

美国是一个充满幽默感的国家，你打开任何一份较大的报纸，都会至少看到两个整版的漫画和幽默专栏。在电视节目中，最受欢迎的无疑是那些将机智幽默发挥到极致的"脱口秀"节目，几乎每个电视台都会有自己固定的脱口秀表演。

美国人喜欢幽默，使得幽默在美国身价暴涨。《读者文摘》（Reader's Digest）曾出价四百美元来征求一则短小精辟的笑话；电视台也有悬赏一万五千美元来征购家庭摄像机拍下的滑稽镜头的记录。在美国，一个杰出的脱口秀演员的身价，甚至可以高达上千万美元。

在这种崇尚幽默的大环境中，美国儿童从小就耳濡目染，使得其中绝大多数人都具备了相当的幽默感。而在学校里，学生经常会与教师开玩笑，当然这些玩笑都是善意的，而老师也都会不以为意，一笑了之。有一次，一位历史学教授在讲欧洲早期的尼安德特人时，使用了"Homo"一词（尼安德特人的全称为"Homo sapiens neanderthalen-sis"），当时就有一位同学举手问道："教授，难道这就是尼安德特人灭绝的原因吗？"这一问话立刻引来一阵笑声。原来在美国俚语中，"Homo"也有同性恋的意思，所以被这位同学偷换了概念。对于学生的玩笑，教授并没有生气，而是微笑着对那位学生说："你知道吗，如果严格从人类学上来讲，你也是Homo之中的一员。"在人类学中，"Homo"一词是"人"的前缀，教授在这里也使用了偷换概念的手法，他这句话的潜台词是：你这小子很可能也是个同性恋啊。教授的机智幽默再次引来学生的一阵笑声，等到笑声过后，教授说道："好了，玩笑也开过了，我们还是来上课吧。"经历了短暂的放松，学生们全都精神起来，很感兴趣地听教授上课。这堂课也就理所当然进行得十分顺利了。

在美国时，我有幸结识了一位读心术表演大师，他的名字叫里奥·苏查德。里奥的表演有一点点像魔术，但却更具技术含量。我第一次看里奥表演是在洛杉矶的一个剧场内。里奥从观众里随机找到一位女士，对她说："现在我给你一张白纸和一支签字笔，你要做的就是到剧场门外，在纸上写下一个名字，随便什么名字都成，但一定要是你认识的人，然后拿回到这个舞台上，看看我能不能测出你写下的名字。"

女士走出剧场，按要求在纸条上写好名字，然后带进剧场。里奥看着她，问道："写好了？"

"写好了。"女士回答。

"那好，现在跟着我复述：我写下的是个男人的名字。"

女士复述道："我写下的是个男人的名字。"

"我写下的是个女人的名字。"

女士接着复述："我写下的是个女人的名字。"

"好了，我想我已经有了判断了，你写下的是个男人的名字，对不对？"

女士十分惊讶，"是的，可这不算读心，你还要猜出我写的是什么。"

里奥笑了笑，说道："这并不难，现在你在心里计算一下，写下名字有几个字母，然后看着我的手指头。"里奥说着，举起1根手指，然后是2根、3根、4根。到这里里奥的手便不再动，他对女士说道："这个名字是由四个字母组成的，对不对？"

女士已经瞪大了眼睛，说道："是的。"

里奥的表演已经快要接近尾声，他继续试探女士，"好的，现在我们知道了这是一个由四个字母组成的男人名字，他会是什么呢？杰克（Jack）还是麦克（Mike）?都不是，我猜会是安迪（Andy）。"

女士张大了嘴，眼睛瞪得圆圆的，她实在想不明白，这个素不相识的人，怎么能猜出自己写下的朋友的名字，而台下的观众已经爆发出潮水般的掌声。

当然在这里我并不像深入探讨里奥的读心技巧，我想说的是接下来发生的对话。一名观众在掌声稍稍减少的时候高喊："里奥，能不能告诉我，你是怎么办到的？"

这已经不是第一次有人打断里奥的表演，当然也不会是最后一次。对于这种状况，里奥已经司空见惯。他笑着向那名观众说道："我当然可以告诉你，但在这之后，恐怕我不得不杀了你灭口。"

看到表演者与自己互动，那名观众的兴趣更高了，继续问道："那我还是不打听了，不过你能不能将这个秘密告诉给我老婆？"听完他的话，场下的笑声甚至淹没了掌声。

这就是美国人的幽默，随手拈来，脱口而出，毫无做作痕迹，几乎已经深入到每一个人的骨髓之中。后来，我问过里奥，在舞台上，面对观众各式各样的提问，他是如何做出既快速又机智的回答的。然后里奥便告诉给我他的诀窍，那就是发散性思维。

很高兴里奥并不是很看重这个秘密，也不用杀我灭口，这让我有机会将这一秘密与诸位分享。对于如何锻炼发散性思维，里奥教给我一个十分简单的方法，那就是跳出常规的自问自答。也许下面这个小练习大家都已耳熟能详，但以前也许只是当作一个笑话来听，现在可以深思一下其中蕴含的机智与创新。

问：如何将四只大象放进迷你库柏车中？

答：两个放到前座，两个放到后座。

问：如何将一只大象放进冰箱中？

答：打开冰箱门，把大象放进去，关上冰箱门。

问：如何将长颈鹿放进冰箱中？

答：打开冰箱门，拿出大象，把长颈鹿放进去，关上冰箱门。

问：当万兽之王的狮子召开动物大会时，哪只动物没有出现？

答：长颈鹿，因为它在冰箱里。

问：如果你必须渡过一条充满鳄鱼的河流，你会怎么办？

答：游过去，鳄鱼都在开动物大会呢。

问：你怎么知道冰箱里有一只大象？

答：我可以听到它在吃东西。

问：你怎么知道冰箱里有两只大象？

答：我可以听到它们在谈话。

问：你怎么知道冰箱里有四只大象？

答：因为外面停靠着一辆迷你库柏。

问：为什么大象要把指甲涂成红色？

答：因为它们要在草莓园里藏身。

问：你在草莓园见过大象吗？

答：没有，因为它们隐藏得很好。

问：如何防止大象穿过缝衣针的针鼻？

答：把大象的尾巴打个结。

注意了，接下来是最"傻"的一个问题：

问：大象和香蕉有什么共同之处？

答：它们都是黄色的——大象除外。

我记得里奥给我讲这些问答题时，我笑得前仰后合，即使其中许多问答我以前都听说过，但仍然佩服于作者的机智与幽默。

一个具有幽默感的人，能够随时发掘事情中有趣的一面，以及生活中轻松的一面，从而建立起自己独特的风格和生活态度。这样的人，更容易让人接近，分享他轻松愉快的情绪。因此，幽默的人往往能够散发出独特的魅力。但是，幽默感不是天生的，而是需要后天的学习，以及生活环境的熏陶。各位父母，你想让自己的孩子具备这种十分有用的技巧吗？那么，首先从练习发散性思维开始，培养自己的幽默感吧。

第四节　让男孩学会面对嘲讽

要让男孩学会面对嘲讽，首先就要让他们正视嘲讽、接受嘲讽。美国人骨子里带有幽默感，因此当他们需要批评别人时，嘲讽就成为最常用的工具，当然，其中绝大多数嘲讽都是善意的。善意的嘲讽能够帮助人们健全心智，提高人际交往技巧，锻炼语言与思维能力，因此，从某种意识上说，嘲讽既是一种生存能力，也是一种生存技巧。

1980年，一个名叫约翰·威尔森的电影制作人及宣传人创立了一个特别的电影奖项——金酸梅奖，用以评选美国年度最烂影片，并在每年奥斯卡奖揭晓之前一天公布。该奖项起初还属于影迷们自发性的娱乐活动，比如1981年的颁奖现场是在创始人威尔森的客厅里，但之后由于它的特殊性，日益受到大众的重视，颁奖地点也改为在学校礼堂、剧院、酒店等地方举行，并且形式也越来越正规。如今，金酸莓奖已经成为美国关注度极高的一个评选活动，拥有一个由电影从业者、专家、影迷组成的近500人的评选团体，并且设立了金酸莓奖基金会。

与国内类似颁奖活动"来的都有奖，没奖都没来"的惯例相比，美国人的嘲讽性格暴露无遗。当然，这种嘲讽都是善意的，以金酸梅奖为例，它的最终目的是为了督促电影人，创造出更加优秀的影片来服务大众。

对于嘲讽，我认为至少有以下三个特点：

1. 嘲讽不是每个人都能够使用的。幽默一直被人们称为只有聪明人才能驾驭的语言艺术，而嘲讽又被称为幽默的最高境界。由此可见，能够将嘲讽说得恰到好处，既让人接受，又不会伤害对方的自尊，无疑是一件十分困难的事情。

2. 嘲讽可以化解尴尬的气氛。嘲讽是为了批评，没有人喜欢听到批评，但与直截了当的声讨相比，嘲讽往往更容易被人接受。而将自己的不满以嘲讽的形式说出口，还很有可能在双方的笑声中，化解尴尬的氛围。

3. 嘲讽可以锻炼一个人的承受能力。只有自信心极强的人，才能正视别人的嘲讽，并从中发现问题，获取教训，从而让自己变得更好、更出色。而那些贪慕虚荣的人，只会被嘲讽击败，在狼狈中落得一地鸡毛。

对于男孩来说，学会面对嘲讽十分重要。没人喜欢受到嘲讽，但真正内心强大的人，会虚心接受嘲讽，并将其转化为奋进的动力。嘲讽有许多种，有善意的，比如委婉地告诉对方某些缺点；也有恶意的，比如嘲笑某人生理缺陷。而接受嘲讽的形势也有许多种，有的人不理不睬、视若无睹，有的人虚心接受、认真自省，还有人报之一笑、毫不在意。

2010年，对于美国影星桑德拉·布洛克来说无疑是个难忘的年份，在这一年中，她凭借两部影片，同时获得第82届奥斯卡最佳女主角和第30届金酸梅最差女主角两个奖项的提名。在最终获奖名单揭晓前，桑德拉曾对公众表示，如果自己最终获得金酸莓奖，她将亲自出席颁奖典礼。3月6日，桑德拉如约来到颁奖典礼现场，还幽默地在颁奖晚会入口处停放了一辆卡车，里面装满了她的入围影片《关于史蒂夫的一切》的DVD光盘，分发给每位到场嘉宾。面对嘲讽，桑德拉表现得十分有风度，她的形象丝毫没有因此受到损害，反而让人们看到了一个敢于正视失败的、坚强的艺人。

有趣的是，就在第二天，桑德拉又凭借在影片《弱点》中的出色演绎，获得奥斯卡最佳女主角奖，对于自己在两天内获得最佳与最差女主角，桑德拉笑称："我会将两个奖项摆在一起，正如在娱乐圈里打滚一样，有好和不好的时候。两个奖项同时出现可能更有意思，是个很好的平衡，可以督促我不断完善自己。"

从布洛克身上，我们看到了正确面对嘲讽的行为。只有内心真正强大的人，才能从容接受批评，并且感谢批评者给予的宝贵建议。

当今迅速蹿红的美国篮球明星林书豪，在这方面也为我们提供了很多借鉴。在美国人的心目中，篮球往往是白人和黑人的拿手好戏，所以一个华裔学生想要成为篮球明星，难免会遇到一些闲言碎语。据林书豪高中时期的篮球教练彼得·迪彭布鲁克回忆，有一次林书豪跟随球队前往旧金山参加比赛，就被赛场的工作人员误会，"对不起先生，今晚这里举办篮球比赛，不是排球比赛。"而在大学时期，他经常会在代表哈佛出战的比赛中听到观众席上传来的各种冷嘲热讽。对此，林书豪看得十分豁达，"我已经习惯面对这些，现实就是如此。"外界的种种干扰并没有影响到林书豪继续在篮球赛场追逐自己的梦想，"刚开始确实感觉很糟，但我必须学会屏蔽这些，而这段经历让我的内心变得更为强大。"

9
Chapter

第9章

探索与求知

曾经有一个母亲，带自己的小男孩去郊外游玩。别的亲友家的孩子，有的爬山，有的游泳，唯独这个小男孩一人默默地坐在河边，凝视着湖面。这时，亲友们悄悄地走到他母亲身边，不安地问道："您的孩子为什么总是一个人对着湖面发呆？是不是有什么毛病啊？"母亲回答道："我的孩子没有任何毛病，你们不了解，他不是发呆，而是在思考。他将来一定能够成为了不起的大学教授。"这个男孩就是爱因斯坦，不仅是20世纪最伟大的科学家之一，也是人类历史上最伟大的科学家之一。

从这个故事中，我们可以得到什么启示吗？是的，每个孩子天生都有极强的求知欲，喜欢探索自己还不能理解的事物，对于男孩来说尤其如此。但是，由于性格的原因，每个男孩的表达方式又不尽相同。身为父母，此时需要做的第一件事就是了解自己的孩子，想方设法明白他们行为的目的与意义，然后因势利导，帮助他们走上正确的人生轨道。

正如教育家萨莎·卡伦所说："求知欲和探索精神是创造成功的开端和必要条件，是儿童智力发展的内在动力。"在探索与求知的道路上，男孩们会遇到前所未有的挫折和困境，如何帮助他们摆脱危局，引导他们认清方向，鼓励他们勇敢前行，将是每一位父母的责任和使命。请每位父母都记住这样一句话：会学习者，学习得法，则事半功倍；凡不得法者，则事倍功半。所以父母一定要帮助孩子掌握好学习方法，以促进孩子学习的主动性和积极性。

第一节　理解男孩的好奇心

男孩就是男孩，在他们的小脑袋中，似乎每时每刻都充满了各种各样奇怪的想法。他们可能会拆掉玩具再组装起来，也可能会把瓶盖当作皮球踢来踢去，或者将某种昆虫带回家，观察它的习性。

对于父母来说，男孩的这些行为往往带来无穷无尽的烦恼。可能每一位父母在谈到自己家的男孩时，都会这样说："我们家里的那位简直就是一个麻烦精。"然而，请问各位父母，你们是否真的理解男孩的这些行为？在各种各样荒诞不经的想法背后，是否还隐藏着男孩的某些优点呢？

其实，男孩的这些行为很好理解，那就是他们无与伦比的好奇心。与女孩相比，男孩的好奇心似乎更为强烈。同样是玩积木，女孩倾向于将它们摆放得稳稳地，而男孩更倾向于将它们垒高，看看到底多高时才会塌落下来。而且，男孩们还会绞尽脑汁，开发玩具新的功能，创造出各种稀奇古怪的玩法。

在美国，流行着这样一个故事。一个小男孩在上小学时，对许多事物都很好奇，看到气球能在充满气后飞上高空，就想人膨胀后是否也会飞起来。于是，他从家里带来很多发酵粉，动员想飞上天的同学来吃。不幸的是，吃了发酵粉的同学无不闹了肚子。校长知道后非常生气，对小男孩说道："又是你这个捣蛋大王，我要把你开除！"小男孩的母亲知道此事后，气冲冲地跑到学校，指责他们根本就不懂教育。她说道：

"你们根本就不了解我的孩子，也从未想过或尝试过去了解他。他非常聪明，他的行为不是在捣乱，而是好奇。既然你们不懂得教育，那我就自己来教育他。"母亲将孩子接回家，亲自给他上课，鼓励他搞实验，进行各种发明创造。这个男孩长大后竟然真的成为举世闻名的发明家，他就是爱迪生。每个孩子都有很强的求知欲，求知欲是人类最有价值、最珍贵的欲望，可如果父母没有一双慧眼，不懂得启发、引导孩子的求知欲，将是令人极其遗憾的失误。

托曼·艾蒙今年已经7岁了，自从上次和父亲一起看完狮子座流星雨，便一发不可收拾地爱上了星空。每当天上群星出现，小托曼便会躺在庭院里的躺椅上，望着星空发呆。有时候还会拉着父亲一起仰望星空，缠着父亲给他讲各种关于星星的传说。

对于自己儿子的新爱好，史蒂夫十分支持，可他的妻子却略微有些担心。因为妻子认为，7岁的小男孩应该多出去和朋友玩耍，不应该整晚一个人望着天上发呆。对此，史蒂夫丝毫没有担心，因为围绕托曼的这个爱好，他已经构思了一个计划，来让儿子得到全面的发展。

首先，史蒂夫开始将一些天文学基本知识灌输给儿子。对于他来说，这并不难做到，因为自己本身就是天文爱好者。两年前，正是他带着儿子去天文台观看流星雨，从而引起他对星空的无限遐想。史蒂夫告诉儿子，星空中有三颗呈斜线排列的明星，在冬天的夜晚十分容易辨认。他一边说，一边指给托曼看。这是猎户座的腰带，又称三王星。以三王星为中心，向四个斜角延伸，还可以找到另外四颗明星，那是猎户座的四肢。猎户座只有在冬天的夜晚才能被看到，因为夏天时，猎户座只会在白天从头顶经过。史蒂夫一边给儿子讲解，一边观察他的反应。他发现儿子竟然十分专注，倾听他说出的每一句话。

其次，史蒂夫围绕星座，为儿子准备了一大堆有关的文学和历史知识。其中有一些是他本来就知道的，而另一些是闲暇时间在书本中或网络里查找到的。虽然辛苦些，但史蒂夫认为自己的付出十分有价值。仍以猎户座为例，史蒂夫为儿子讲述了相关的希腊神话。海神波塞冬有个儿子，名叫奥赖温。他可以像父亲一样，在海面上行走如飞，不过他最热衷的运动却是在山野里狩猎。奥赖温在一次狩猎时遇到了阿尔忒弥斯，她是月亮女神，也是狩猎女神。两个猎人都羡慕对方高超的捕猎技巧，时日久了，竟然互相产生了感情，成为了恋人。这件事情后来让阿尔忒弥斯的哥哥，太阳神阿波罗知晓，他十分生气，准备好好教训奥赖温。一天，奥赖温像往常一样在水中行走，只留头部浮出水面之上。阿波罗和妹妹正巧在天空中经过。阿波罗知道妹妹视力不及自己，无法分辨出海面上的物体，便对妹妹说："我们来比赛射箭，好不好？看看谁能射中海面上那块黑色的岩石。"阿尔忒弥斯争强好胜，当先射出一箭，正中"岩石"，阿波罗看到诡计得逞，说道："还是妹妹的箭法精准，我比不过你，然后就走开了。"阿尔忒弥斯降下海面，想看看自己射中的猎物，竟然发现是自己的爱人奥赖温，不禁抱着尸体痛哭起来。后来，众神之父宙斯知道了此时，便将奥赖温带上天空，成为猎户座。奥赖温有一只忠诚的猎犬，名叫西利乌斯，也被提升为大犬座，在一旁守护着奥赖温。史蒂夫发现，生动的神话故事很快引起了儿子的兴趣，而他对星座知识的渴求也更甚以往。

再次，史蒂夫开始围绕儿子的兴趣，为他布置家庭作业。他开始要求儿子做笔记，记录下那些他看到的星星，听到的故事，以及学到的知识。心理学家做过实验，笔头记忆的效果要远远强于口头记忆，所以史蒂夫希望借此强化灌输给托曼的一切。在兴趣的驱使下，托曼不间断地做着记录，其耐心程度甚至让史蒂夫吃惊。而更让他惊讶的是，托曼在记录相关神话故事之外，还自作主张地为神话做了改编，为一个个原本

165

以悲剧结尾的故事，画上了圆满的结局。

最终，史蒂夫的教育方法大获成功。在一次学校组织的兴趣小组调查比赛中，托曼的调查报告获得了全校第一名。而在这之外，托曼知识面的增加、对文学的喜好、写作能力的提高等等，都让史蒂夫欣喜不已。缪尔·布丁斯曾经说过："父母最大的成就，就是发现孩子在成长过程中表现出来的独特长处，并及时给予引导和支持。"在这方面，史蒂夫为我们做出了榜样。

中国有句古话："治大国若烹小鲜。"治国如此，教育孩子又何尝不是。面对孩子的好奇，家长们不应该强行遏止，而是应该去鼓励，耐下心来慢慢引导。好奇可激发探索的兴趣，而探索是获取知识的开端。所以，请父母们不要说自己的男孩行为古怪，要知道，那才是他真正的智慧所在！

第二节　正确引导"捣蛋鬼"男孩

在生活中的绝大部分时间里，男孩都是精力充沛的，睾丸激素的旺盛分泌给他们带来无穷尽的攻击性、冒险欲和破坏力。对于男孩来说，似乎这就是他们释放精力的方式，他们会从中感受到成长与满足。

其实，男孩这种"捣蛋鬼"的行为模式是有其生理学依据的。在男孩的成长过程中，体内的睾丸激素会有两次激增。第一次出现在4岁时，在一段时期内，男孩体内的睾丸激素会增长至之前的两倍。从此时开始，男孩会对战斗、英雄行为、冒险以及需要花费大量精力的游戏，产生越来越浓厚的兴趣。第二次睾丸激素激增出现在11至13岁期间，此时男孩体内的睾丸激素会达到蹒跚学步时候的8倍以上。这一时期，男孩的身体发育加快，身高体重猛长，第二性征出现，声音变粗。然后，随着两次睾丸激素的激增，男孩的心理发育和智力发育要落后很多，从而形成责任感、义务感欠缺；自控力较差；做事容易冲动，不考虑后果的行为习惯。

然而，大多数时候，男孩的调皮捣蛋并不仅仅是为了搞破坏，在这种行为背后，往往隐藏着一种对于知识和技能的渴望。作为男孩父母，必须时刻意识到这一点，只有如此，当遇到"捣蛋鬼"时，才能心平气和地对他们进行有效引导。

9岁的莱克林·伍德是一个十分好动的孩子，只要有机会，就会和朋友一起跑到外面去玩耍。莱克林还有一个爱好，就是采摘各种植物。由于住在靠近加拿大的美国北部，这里有大片的植物林，因此这些地方成了莱克林的乐园。但这个爱好却并不安全，有一次，一个小朋友急匆匆打来电话，说莱克林肚子疼，上医院了，这可让父母吃了一惊，连忙跑到医院去看孩子。原来莱克林和小朋友在公园的树林里发现了许多蘑菇，于是决定摘回朋友家煮着吃，尝尝是什么味道。蘑菇煮好后，朋友突然反悔，说是嫌东西太脏，莱克林却不为所动，"勇敢地"吃了起来。但没过多久，莱克林的肚子就疼了起来，同伴连忙打了911电话。在医院里，医生告诉莱克林的父亲，男孩吃的是一种名叫催吐毒菌的蘑菇，这种蘑菇有轻微毒性，可以导致呕吐和腹泻，严重时甚至会便血。"幸亏孩子吃得少，报警又及时，否则可不会这么容易治好。你们做父母的，以后可要看好孩子。"

这次小意外让莱克林的父母好好反省了一下，自己以前知道孩子喜欢采摘植物，却没有留意是否安全，这完全是做父母的失职。于是，他们决定要为孩子做个引导，好让他不再做出类似危险的举动。可具体应该怎样做呢？给孩子禁足肯定不现实，唯一的方法就是顺着孩子的兴趣，给他讲解什么才是正确的行为。

于是，父亲叫来莱克林，问他道："你为什么喜欢采摘植物？"

小莱克林说道："因为它们有各种各样的形状，有的十分好看，有的十分奇特。"

"那你都知道这些植物叫什么名字吗？"父亲继续问道。

"不知道，但我给他们起了新名字，比如公园里的松树，我就根据树叶的形状，叫它们为长叶子松树、短叶子松树和扁叶子松树。"从莱克林说话的语气中，父亲可以明显感觉到他的自豪感。

"那你想知道他们真正的名字吗？"

"想，可要怎么做才能知道呢？"

"我看这样吧，以后你负责采摘植物树叶回来，然后我们一起查找它的植物分类，看看能不能找出你带回来的所有树叶种类。"

"太好了，我这就去摘叶子。"父亲的提议让莱克林十分兴奋，急不可待地跑了出去。晚饭时，小男孩跑了回来，口袋里装了各种各样的树叶。父亲说到做到，开始和他一起查找树叶名称。当然，孩子找来的大部分树叶都是本地常见的树木，对父亲来说不难找到结果，但父亲还是非常认真地在网络上搜索。因为他知道，只要自己表现出认真的状态，儿子就会尽全力参与进来；要是父亲从一开始就不认真，那会严重影响男孩的积极性，甚至没过几天就抛弃了这个计划。这一天，他们找到了五针松、铁杉、铅笔柏、三叶杨、黑核桃树以及白胡桃几种树叶。然后父亲让莱克林将树叶夹在笔记本中，并在旁边记下它们的名字和特征。对于这一天的收获，小莱克林感到十分兴奋。

从此之后，采摘树叶成为他们父子的重要活动，无论他们走到哪里，都会带回来奇特的树叶，然后一起查找。为此，他们甚至去了国家森林公园野营，希望找到更多、更珍贵的树叶。就这样，小莱克林的笔记本中，收集的树叶越来越多，黑桦、山毛榉、栗树、美国榆、黑洋槐……一段时间以后，小莱克林成了一个植物"小专家"，他甚至会在学校中给同学们进行讲解。

在这一过程中，莱克林收获了前所未有的快乐，同时也学到了大量的知识。他知道通过吃蘑菇来试验毒性是非常危险的事情，也能够分别出几种毒性很强的毒菌，如飞行伞形菌、毁灭天使等。当年吃蘑菇中毒的小意外，如今已经成为莱克林茶余饭后的笑料。所有的这一切，都归功于父亲的引导有方。

想要因势利导，让你的"捣蛋鬼"变成听话的乖孩子，各位家长可以尝试以下几种方法。

1. 树立治标治本的教育理念

一位哲学家带着他的弟子来到郊外的一片旷野里，准备给弟子们上最后一课。哲学家问弟子："如何除去周围长满的杂草？"

弟子们陷入沉思，他们给出了各种答案，有的说用铲子，有的说用火烧，有的建议在草上撒石灰。哲学家听完后，站起身来说："课就上到这里。你们回去后，用各自的方法除去一片杂草。一年后再来这里相聚吧。"

一年后弟子们都来了，他们惊讶地看着眼前的一幕：原来旷野已不再是杂草丛生，而是变成一片长满谷子的庄稼地。

孩子的头脑就是一片旷野，如果不予以引导，很容易长满杂草。所以，教育孩子的根本，就是在这片旷野中种上有用的种子，并精心呵护，让它们生根发芽，茁壮成长。对于各种教育方式而言，其中的大部分，如打骂、惩罚，都是不治本的方法，过段时间又会杂草丛生，只有合理引导，将孩子的兴趣点和注意力引导至正途，才能真正根治问题。

2. 爱心教育

当孩子调皮捣蛋时，如果强行制止，往往会引起孩子的抵抗情绪。如果孩子所谓的"调皮捣蛋"是在进行尝试，父母的强行制止甚至会打击孩子探索的欲望。因此，父母最好的应对方法就是耐心劝说，即"爱心教育"。

6岁的比尔原本在浴室的水盆里玩战船玩具，后来觉得不过瘾，便将水盆拿到客厅里。这时母亲走了过来，说道："比尔，妈妈辛辛苦苦才擦干净地板，你现在又弄一地水，你知不知道妈妈要花费多大力气，才能把地擦干净？"比尔听完母亲的话，知道自己闯祸了，于是乖乖地把水盆搬走，然后说："妈妈，我会帮你擦干净的。"

大多数男孩都有满腔热血，希望通过为别人做些什么，来满足自己的表现欲。利用孩子的这一特性，将他的调皮化为爱心，让他自动放弃调皮行为，是父母对待孩子调皮的最有效方法。

3. 让男孩更有耐心

当男孩有足够的耐心时，他的捣乱行为必将大大减少。

对于培养男孩的耐心，安吉娜·米德尔顿介绍了一个"三分钟耐心训练法"，值得大家借鉴。

皮奈特是一个缺乏耐心的男孩，他只爱看电视或玩游戏，对书本丝毫不感兴趣。一天，父亲拿着一个沙漏，告诉皮奈特，这是古时候的钟表，当沙子全部漏下去的时候，正好是三分钟。皮奈特想玩这个沙漏，这时父亲说，以沙漏为计时器，你和爸爸一起看故事书，每次以三分钟为限。皮奈特很高兴地答应了。

刚开始，皮奈特果然静静地坐下来听爸爸讲故事，但其实他的注意力却在沙漏上。三分钟一到，便急不可待地去玩沙漏了。可几次后，皮奈特的注意力逐渐被引导到书本上来。虽然约定是三分钟，但时间一到，由于故事情节引人入胜，皮奈特还是缠着父亲继续讲下去。但父亲坚持"三分钟"的约定，不肯再讲，而好奇心大增的皮奈特，只能自己去翻书本。就这样，皮奈特开始将更大的兴趣投注到书本上来了。

每个孩子都有自己特殊的兴趣，没有谁比他们的父母更能发掘他们的兴趣所在。"捣蛋鬼"其实只是掩盖男孩真实想法的面具，只有解开面具，才能发现男孩的本质。事实上，在这个面具背后，隐藏着很多天赋：探索能力、创造力、思维能力、动手能力……因此，做父母的千万不可小瞧孩子的"调皮捣蛋"，或者一味压制，只要家长的方法得当，一定可以发现自己家的男孩在某些方面表现出的特殊才能！

第三节　正确看待男孩的学习成绩

也许很多男孩的父母都会有这样的疑问，为什么我的孩子在小学和初中时，与同班女生相比，成绩要差一些。在这里，我要告诉所有男孩的父母，这并不是个别现象，而是男孩的生理特征所决定的必然结果。

曾经有个美国教授专门对各个年龄段男性和女性做过一项智力测验，结果显示，同年龄段的男女智力差异极小。但在有时间限制的情况下，比如小学和初中阶段，女性的智力水平会表现得更出色。不过各位家长不必担心，因为对于大多数男孩来说，到了高中，他们的学习成绩会出现一次大幅度的提高。

对于父母来说，认识到男孩与女孩大脑发育的区别是十分重要的，这样就可以使他们能够理解男孩遇到的困难，并采取相应的措施予以补救。

为了促进男孩大脑的发育，各位父母可以尝试以下方法：

1. 多和孩子讲话

讲话有助于大脑的发育，因此，在男孩咿呀学语的阶段，父母就应该尽可能多地与男孩讲话，进行互动。当然，这种练习应该循序渐进地做。在孩子只会发声时，重复说一个字，比如指着母亲说"妈"，帮助男孩理解。当男孩可以准确发出字音后，就可以多对他说些词汇，比如"妈妈"。就这样，你说的话应该永远先于男孩的说话能力一步，这样才能促使其学习，从而促进大脑发育。

2. 引导孩子讲话

当男孩进入幼儿园阶段时，父母应该多鼓励孩子自己发言。比如与孩子一同看完童话书后，鼓励孩子将看过的内容复述一遍。这样既可以锻炼男孩的语言能力，也可以促进男孩大脑的发育。

3. 让孩子自己编故事

编故事是一种促进大脑发育的好方法，尤其是对于想象力和逻辑思维的锻炼，更是有着莫大的帮助。当男孩进入小学阶段后，父母可以鼓励男孩发挥想象力，自己编故事讲给父母

听。这一过程也需要循序渐进，刚开始的时候，可以先给男孩
讲个故事的开头，然后引导着他继续往下编。等男孩熟练掌握
这种技巧后，就可以让他自己编故事了。

4. 让孩子尽早读书

读书的好处有很多，比如增长知识、促进理解能力和想象
力，更重要的是，它还可以促进儿童大脑的发育。作为父母，
应该让男孩尽早接触书本，并且将读书培养成一种习惯。如果
可能，在读书后要求男孩做读书笔记，或者写日记，对男孩的
帮助将会更大。

正如我们上文所说，男孩在小学和初中阶段，学习成绩相比于女
孩，会明显偏低。虽然用小贴士里面的方法，可以帮助男孩大脑尽快发
育，但如果你的男孩已经落后于同年龄段的女孩了，又该怎么办呢？请
各位父母不用着急，对此我还有一些办法来解决这些问题。

1. 为男孩制定学习计划表

由于小学至初中阶段的男孩自控力比较差，所以家长应该
帮助孩子制定学习计划表，督促他们按时按量完成学习计划。

我曾经指导过一个初中男孩，他的数学成绩十分糟糕，在
初三第一学期期中考试时，他的数学成绩仅仅是24分，要知道
中考的数学满分可是120分啊。他的父母向我求助，于是根据
男孩的情况，我为他设计了一个学习计划。这个计划贯穿于整
个寒假和初三第二学期，我告诉男孩的父母，以男孩现在的成
绩，下学期基本不用上数学课了，因为他的基础太差，即使上
课也听不懂。我给他做得学习计划是将整个三年的数学教学内

容分成三大块，分别是基础、巩固和提高。在基础阶段，我要求男孩重新计算课本上的每一道例题，以及课后复习题；在巩固阶段，我让他买来两本初中数学分章练习，按章节将所有习题做完；在提高阶段，我让他去向教师要来历年中考题，一题一题全部弄懂。最终，这名男孩在中考时居然得了106分。

2. 监督男孩每天复习

我们都知道，人的记忆类型可分为短期记忆和长期记忆两种。短期记忆信息储存量很少，记忆时间也短，大概只有5至20秒，最多不超过1个小时；而长期记忆则要长得多，记忆的内容也更为丰富。

人类的记忆力并不佳，德国心理学家赫尔曼·艾宾浩斯研究发现，多数人读书，会在20分钟后只记得其中的60%，到了第二天就变成30%。但之后遗忘的速度变缓，到了一个月后还可以记住其中的20%。可见，对"记忆"来说，第一天的记忆是最关键的时刻。他经过反复研究，发现在阅读后9小时之内对阅读内容做一次复习，将可以有效提升长期记忆量。

因此，当男孩回家做完作业后，父母监督他对一天的学习状况做一次有效复习，将可以在短时间内提高男孩的学习成绩。

3. 找到男孩的兴趣点

在美国，有一所奇怪的学校，它里面没有"问题"孩子，连那些爱捣乱的男孩也十分听话，而且，无论学习好坏，这所学校里从未发生过辍学现象。那么，这所学校到底是如何做到这点的呢？

这所学校的校长表示，他们的秘密就是找到孩子们的兴趣点。有一次，15个男孩既不喜欢学习，也不喜欢运动，逐渐游离于整个集体之外。但是，老师帮他们弄了个录音棚，让他们很感兴趣，于是变成了他们做一切事情的精神动力。

除此之外，老师们几乎对学生做了所有尝试：跳舞、下棋、体育运动、科学实验……他们做这一切的目的只是让孩子们明白，他们的兴趣可以在这所学校里得到尊重。因为在这些兴趣中，总有一个可以帮助他们在今后的人生中取得成功。

作为男孩的父母，你们是男孩最亲近的人，那么，你们是否了解，或者试图了解过男孩的兴趣点吗？从现在开始，找到男孩的兴趣点，从中入手，你将获得前所未有的惊喜。

第四节　对男孩表示肯定

在教育界有句老话：没有激励就没有教育。对于男孩来说，在绝大部分时间里，激励要比斥责更加有用。正如心理学家威廉·詹姆士所说："人性最深切的渴望就是获得他人的赞赏，这是人类之所以有别于动物的地方。孩子心灵深处最强烈的需求和所有成年人一样，便是得到别人的赏识。"

事实也正是如此，尤其对于表现欲强、荣誉感突出的男孩来说，足够的肯定会给他们带来莫大的鼓舞，激励他们努力奋进，获得更大的成绩和更多的荣誉。

杰克·莫雷从来不是一个好父亲，在教育孩子的方法上，也是毫无技巧。因此，一味强势地指指点点，最终让儿子雷蒙德变得越来越软弱，对父亲的话总是唯唯诺诺。可儿子越是这样，杰克就越是生气，因为他认为孩子没有一点男子汉的样子，可他却丝毫没有反思自己的教育方法。

有一天，杰克为了让儿子多到户外活动活动，决定带他去垂钓。当父子两人架好钓竿，杰克告诉儿子："你应该在垂钓水域附近撒一些鱼饵，用来吸引鱼群。"雷蒙德很听话，抓起一些鱼饵撒了出去。

杰克看到儿子撒的鱼饵太少，又说道："在多撒点，不要小家子气。"

可儿子总觉得就这么将鱼饵撒出去太可惜了，所以第二次只抓了一点扔向水面。这可让杰克气不打一处来，他冲着儿子大吼："让你多撒点就多撒点，扔这么一点点，能招来什么鱼？你这个孩子，怎么就是不听话！"说着，就自己从鱼饵里面抓了一把撒出去。

这次之后，雷蒙德对垂钓再也没有兴趣了。就这样，杰克又扼杀了自己儿子的一个潜在兴趣点。

这个故事是我在美国时听说的，后来这个男孩变得越来越沉默寡言，不爱与他人交往，最终导致了自闭症。为了治疗男孩的症状，社工不得不将男孩带走进行心理治疗。对于一个不知道肯定自己孩子的家长而言，后果将是多么可怕，诸位家长应该已经知晓了吧。

要想让男孩在生活中变得信心十足，充满对生活的渴望，父母可以参考以下几点：

1. 赞赏你的男孩

曾经，一个小男孩和妹妹被单独留在家里。小男孩看到几瓶颜料，就用来为妹妹画肖像。在画画的过程中，小男孩将客厅弄得又脏又乱。母亲回来后，并没有为此责骂小男孩，而是真诚地赞赏道："哇！你画的是莎莉啊，画得真像！"然后，母亲亲吻了男孩，以示奖励。这个男孩就是美国著名画家韦本文，他后来回忆道："真正使我成为画家的，就是那天母亲的亲吻。"

希望得到肯定，是每一个人都有的心理。对于男孩来说，最大的鼓励莫过于肯定他所取得的成绩。正如海伦·考尔顿所说："有一点家长应该明白，孩子是十分看重我们对他们的行为的反应的，因此应该格外谨慎地说出我们对他们的评价。"

一项研究结果表明，要用四句积极的话，才能弥补一句消极的话对孩子造成的影响。因此，肯定无疑是最省力而有效的教育方式了。

人们常说，天才是表扬出来的，那么请问各位父母，今天你表扬你的男孩了吗？

2. 不要否定男孩取得的成绩

在美国，我还听过这样一个故事。一位8岁的男孩画了一幅全家福，并在班级里给大家展示，获得了老师的表扬。放学后，男孩兴冲冲地回到家，迫不及待地将全家福递给母亲看。可母亲看了一眼，根本没有将这个8岁小孩的涂鸦放在眼里，只说了一句："你们老师的水平那么差吗，这种东西也要表扬，看来我要给你报个美术学习班了。"

否定男孩取得的成绩，就像前面提到的杰克与雷蒙德的例子一样，很容易造成孩子的自卑心理。教育家简·平卡斯说过："自卑是孩子学习的最大障碍之一，要帮助孩子克服自卑，关键在于重建他们的自信心，而重建孩子自信的最好方法就是鼓励。"而我认为，作为父母，首先不应该想如何帮助男孩克服自卑，而应该想到怎样才能让男孩远离自卑。我想，也许肯定男孩取得的成绩，就是最好的方法吧。

3. 陪男孩渡过难关

男孩需要父母的肯定，但如果男孩遭遇挫折，父母又该如何应对呢？我认为，此时父母最好的做法，就是肯定男孩的努力，并且鼓励他继续努力下去，告诉他你相信下次他会做得更好。

第五节　让男孩学会专注

好动是男孩的天性，尤其是在成长阶段，他们仿佛有着无限的精力，根本不肯老老实实待在一个地方。而对于这一阶段的男孩来说，他们的兴趣点也似乎总是漂移不定的。今天喜欢踢足球，明天就喜欢弹吉他，后天又有可能想去练武术。在小学阶段，如果男孩出现类似现象，父母不用太过担心。因为此时正是男孩不断调整自己兴趣点的时期，在这一时期里，不怕孩子的兴趣今天是这个、明天是那个，因为这时只要引导得法，总能保持住一种以上对孩子学习和发展有利的兴趣。

但是，如果到了初中，男孩依然没有常性，做任何事都是三天打鱼两天晒网，那么父母就有必要进行一下约束了。

儿童心理专家经过研究发现，人们注意力集中、抑制冲动和自我控制的能力，与大脑前额叶的发育有关，而大脑要到二十几岁才会完全发育成熟。也就是说，几岁到十几岁的孩子，大脑仍然处于发育期，注意力不够集中也是很正常的事情。不过话虽如此，在男孩学习时，还是要尽量帮助他们做到专注，这样才有助于学习成绩的提高。

具体来说，父母可以认真做好以下三件事，来帮助男孩养成专注的习惯：

1. 为男孩规定学习时间

研究表明，不同年龄段的孩子，注意力持续集中的时间是不一样的。5至10岁的孩子能够集中注意力20分钟，11至12岁的孩子为25分钟，13岁以上的孩子则可以集中注意力半个小时以上。因此，父母可以根据自己孩子的年龄，找到适合他学习的时间，并每天督促男孩按时进行学习。

琳达的儿子已经上5年级了，在她为儿子制定的家庭学习课表中，每天都要有40分钟的学习时间。琳达认为，每天定时让儿子学习，既能让男孩巩固在学校里学到的知识，又能培养男孩有规律的生活习惯，一举两得，何乐而不为呢。

2. 一次只做一件事

孩子的作业不是只有一科，往往每个任课老师都会布置相关的作业。如果男孩做做这个，再做做那个，那么到最后恐怕哪一科的作业都做不完。此时，父母就应该督促孩子，做完一项作业，再做另一项。

美国有句俗语，叫"一次只做一件事"，正如我们中国人所说的"贪多嚼不烂"。让男孩明白这个道理，告诉他们只有将注意力集中到一点上，才能取得好成绩。

马克永远不会忘记父亲给他上过的宝贵一课，那时他还只是个初中生，教师布置的家庭作业基本上在学校就可以完成，剩下的一点点作业他会带回家里去做。但是，马克天生好动，做作业的时候很难保持专注。一次，父亲带给他两面镜子，一面平面镜，一面凸面镜。然后父亲带他来到院子里，让他分别用两面镜子点火。结果大家当然都知道了，只有凸面聚光的镜子，才能聚合足够的热量点燃火堆。最后父亲告诉他，"如果他养成不专注的习惯，就会像用平面镜点火一样，即使付出再大的努力也是徒劳。"

3. 留给男孩足够的玩乐时间

学习应该是劳逸结合，一段时间的专注将耗费男孩很大的精力。因此，在一段时间之后，让男孩得到足够的放松时间，一松一弛，对男孩学习成绩的提升会更具效果。

爱玩也是男孩的天性，当他们的天性不能得到满足时，就不可能专注在其他事情上。因此，家长千万不要以剥夺男孩游戏时间的方式，来强迫他们进行学习。这种教育方法只会引起男孩的抵触，让他们故意拖延时间、消极怠工。所以，在男孩学习之前，父母可以明确告知孩子，完成作业之后他们可以获得的游戏时间。当然，男孩完成的作业要经过验收，否则为了游戏草草了事，可不是我们教育男孩的初衷。

10
Chapter

第 10 章

急救与求生

前段时间，我在新闻中听到这样一则消息，同一天中，国内两地就有十几名学生溺水身亡。一时间，青少年的安全意识受到了广泛关注。

中国有句俗语："天有不测风云，人有旦夕祸福。"也许前一个小时，你还在游轮中欣赏夜空，后一个小时就被海浪打翻；或者原本兴冲冲地参加野外登山，却意外掉队，独自面对绵绵无尽的荒山。面对这种突如其来的险情，你会怎么做呢？你是否有信心、有能力从绝境中逃生呢？

急救与求生技巧不一定每个人都能用到，但却绝对值得每一个人花费时间去学习。因为谁也不知道明天与意外哪一个会先来。我们不是预言家，不能预知未来将要发生的事情，我们所能做的，就是让自己做好准备，随时应对各种突发险情。

第一节　让男孩学会掌控自己的命运

2012年4月9日上午，美国华盛顿州弥尔顿镇，13岁的少年杰里米·维茨奇克和往常一样，与小伙伴们一起走上校车，准备去色普莱斯湖中学上课。维茨奇克是这所中学七年级的学生，他一上校车，便在右侧靠前的一个空位子上坐了下来。校车继续行驶，一切都和平常一样。

然而，就在此时意外发生了。毫无预兆的，校车突然出现一阵剧烈的摇晃，维茨奇克下意识地向位于左前方的校车司机看去，发现他的行为极为反常。此时，校车司机仿佛完全丧失了理智，已经顾不上校车了，只是双手不停地在空中挥舞，并且不时地抓着自己的头发。转眼之间，校车司机便瘫软在驾驶位上，急促地呼吸，然后躺倒在地，不省人事了。

在无人驾驶的情况下，校车开始剧烈地摇晃起来，如同脱缰的野马一样，向着路边的护栏高速驶去。此时，校车内一共有15名学生，维茨奇克听到同学们的尖叫，一时间也有些慌了手脚，但他的头脑依旧清醒，他知道此时此刻，自己应该做的是什么。只见他快速冲向司机的驾驶位，双手把住方向盘，掌握好方向，然后猛踩刹车，将校车安稳地停了下来。

校车停下来后，车上其他同学也冷静下来，一位名叫约翰尼·伍德的学生回忆起曾经学到的急救知识，然后走到昏倒在地的校车司机身旁，开始给他做心肺复苏。与此同时，其他学生也开始拨打911急救电话，向警察和紧急救护中心求救。

随后，警车和救护车赶到现场，疏散了校车内的15名学生，并继续对司机进行急救。校车内的监控录像将维茨奇克及其同学应对紧急情况的全过程记录了下来，警方也对维茨奇克的行为给予了高度的赞扬，他们认为正是他的机智敏捷、沉着冷静，最终救了整车人员的性命。

看过这则新闻，作为父母的你对此有何看法？事实上，如何应对突发事件已经成为美国学校的必修课，每个学校都会针对各种常见的危情做出各种相应的演习。正如色普莱斯湖中学校长杰夫·肖特所说："学校每年都会进行几次紧急程序训练，学习校车司机出现紧急情况、无法驾驶的情况下，应该采取的行动。"除了学校的常规教学外，各种社会组织和社会团体也经常会教给孩子应对紧急情况的方法，以童子军为例，对男孩的培训内容相当广泛，包括骑马、游泳、行走、跟踪、摄影、急救、露营、手工艺等方面，力求将男孩培养成忠诚、服从、谦恭、节俭、勇敢、和善的优秀男生。通过学校和社会的各种形式的教学，男孩们将具备生活必需的各种技能，而且在面对紧急情况时，也能够做出正确的判断，并进而进行应对。校车事故中的小英雄维茨奇克事后回忆道："当时我就感到有些不对劲，真是害怕极了。事情发生得太突然，我只是本能地做出反应。那个时候，我心里只有一个念头：'我不想死。'"维茨奇克所说的本能反应，其实正是学校、社会对男孩进行各种培训的结果，试想一下，如果维茨奇克此前从未接受过学校举办的校车司机意外事故培训，他还能否在紧急情况出现时保持冷静，能否掌握好驾驶车的基本知识与技巧，从而将校车安全停靠下来？那位名为约翰尼·伍德的学生，如果从未接受过紧急救助的相关培训，还能否对校车司机及时进行心肺复苏，使其得到及时救助，从而为闻讯赶来的急救人员争取到更多的时间？是的，我们从新闻中看到的每一个少年英雄的事迹，其实都是一个社会对于生活于其中的男孩所进行教育的反映。意外事故并非天天发生，可一旦发生，要如何应对？父母应该如何教育自己的孩子，在这个飞速发展的新时代，掌握必要的生存技巧，同时还能具备应对突发事件的能力？我想这才应该是我们尝尝大谈特谈素质教育的真实内容。

大家可以想一下，时下充斥着的各种学生补习班，对孩子来说到底有什么用？是的，中考、高考可以加分，除此以外呢？每当看着孩子课后或者周末，放弃本该属于他们的玩乐时光，而是背着书包去参加各种课外补习，如果你是孩子，你会快乐吗？请你再想一想，各种补习班，能给孩子带了什么能力上的提升？报了钢琴班，他就能弹钢琴了吗？报了舞蹈班，他就可以成为舞蹈演员吗？不是，这些只能成为考试的加分项目。与之相比，我倒是更建议家长能给男孩报名参加诸如足球班之类的集体活动项目。这不仅能够让孩子在玩乐之余，获得强健的体魄，还可以潜移默化地培养他们的集体意识，与人合作、交往的能力等等，比起钢琴班之类，这种课外活动对于孩子今后生存技能的提高将更有帮助。

关于这一点，我们可以参考一下美国的童子军制度。美国童子军是美国最大的非营利机构，是以素质教育为目的的青年组织，目前其成员已经超过五百万，参加过该组织的美国人累计已逾一亿一千多万。美国童子军组织为美国培养和造就了大量人才，其中包括很多政界和商界的领袖人物，同时也帮助美国政府培养了大批国防后备力量，更重要的是，在提高国民素质方面，起到了不可估量的作用。美国童子军近一个世纪的历史证明，对青少年的素质教育是建立一个更加勤勉、富有责任感和卓有成效的社会的关键所在。

那么，总是被我们拿来对比的素质教育与应试教育，到底有何区别呢？我曾经为一名这样一名学生做过心理辅导，他是北京某学校的学生，学习成绩很好，总能在年级排名中名列前茅。作为学生，他可以说是十分优秀了，但作为一个社会人，他的得分却是不及格。他不爱与人交往，或者更确切地说，他不会与人交往。在学校里，他从不参加集体活动，下课的时候总是一个人待在角落里，有时一整天都不会与同学讲一句话；在家里，他从不做家务，也很少与父母交流。毫无疑问，以他的学习成绩，能够很容易考上一所重点高中，但如果走进社会，投入到工作岗位中去，他还能是一名合格的员工吗？答案显而易见。这正是应试教育与素质教育最大的区别，应试教育教给人如何得高分，而素质教育则教给人如何适应社会。

关于素质教育，有一个典型的案例。罗伯特·贝登堡是英国陆军中将，也是童子军的缔造者。他曾因为在第二次布尔战争时，代领少数驻军和临时训练的青年军，成功坚守梅富根城217天而名声大噪。当他回到英国后，发现自己曾在海外驻守时，写过的一些关于教导训练士兵，如何提高应变能力、适应能力和领导能力的小册子，引起了当地孩子的极大兴趣，被他们争相传阅，并把从书中学到的技巧用到了游戏之中。这让贝登堡猛然醒悟，原来孩子们需要学习的，不仅仅是课本知识，还有各种生存技巧。而且，与课本知识相比，这些生存技巧更能够引起孩子的兴趣。为了实践自己的教育理念，贝登堡组织了22个男性青少年，把他们带到了英格兰南部海湾的白浪岛上。在那里他们支起帐篷，开始了12天的野营生活。在这12天里，男孩子们过得开心极了。他们组成几个小队做游戏，进行徒步旅行，学习追踪围捕，以及如何在野外不用炊具做饭等生存技巧。在很长一段时间后，参与这次活动的男孩们仍然对此津津乐道，因为他们不仅在这次活动中收获了快乐，更重要的是，他们还学到了知识，一些对他们今后生活更为有用的知识！这才是素质教育。

第二节　男孩越独立越安全

美国父母从不溺爱儿女，从小十分注重培养他们的独立思考、独立生存能力。因为在美国家长看来，自己的孩子越独立，也就越安全。

犹他州希伯市9岁的男童格雷森·温与家人一起远足，可他万万没有想到，这次远足居然成了一次真正的历险。晚上5点左右，格雷森一家15人深入到达盖特县的一片森林深处，此时，家人决定停下来稍事休息，可格雷森并没有意识到家人的举动，而是继续前行。他走入一条小路，深处森林，与家人走散。

当格雷森发现自己与家人走散的时候，已经完全在森林中迷了路。独自一人在森林中走失，让格雷森有些害怕，但他并未因此慌乱，反而利用自己的求生技巧，为救援人员留下线索。

格雷森一边试图寻找出路，一边把自己所穿的黄色雨衣撕成碎片。每走几步，他就把一片雨衣碎片固定在树上。

格雷森沿着一条小溪前行，希望由此走出困境。等到天色完全变暗，格雷森知道自己无法在夜晚走出森林，于是便找了一个地方准备过夜。第二天醒来，格雷森继续自己的旅程，上午10点左右，他听到了直升机的响声，于是跑向附近的一处草地，挥舞雨衣碎片，希望救援人员能发现他，但此时他手中只剩下一片雨衣碎片，所以直升机并没有看见。

格雷森没有放弃希望，继续沿着小溪寻找出路，最终，两名骑马的救援者发现了他，格雷森成功获救。

在获救后接受采访时，格雷森告诉记者，他之所以能够临危不乱，都是由于平时父母教导的结果。原来，格雷森的父母从他小时候起，就要求他做一个独立的人。甚至在很小的时候，就让他去参加童子军的夏令营，来培养他的独立生存能力。今天，这一能力终于有了用武之地。不过格雷森最后说："我感谢父母和童子军教给我的独立生活能力，不过我再也不希望用到它们了，因为在森林里过夜的滋味真是太难受了。"

那么，美国家长是如何培养男孩的独立性的呢？他们的方法大概包括以下几点：

1. 认识社会

认识家庭住址及父母的单位。父母在孩子开始懂事时就有意识地教他们识别自己家庭周围的环境，以及父母的姓名和单位等；通过这样日常的培养，孩子走失找不到家的可能性就小多了，并且增加了孩子应付外界环境的自信心，使其遇事不致惊慌失措。另外，家长还会教孩子一些在马路上行走的常识。

詹姆斯·维尔刚刚把家搬到布拉姆的时候，便会在母亲或哥哥的陪伴下，探索这个人烟稀少的小镇，没过多久，他就可以自己在街道间穿行了，有时候，他甚至把寻找自己的家门当作一场游戏。他发现这里每一户人家的门前车道都有所不同，高度、宽度、坡度，以及车道上裂痕的数量和形状，都存在着细微的差异。与其他住户相比，詹姆斯家门前的车道更长、更平坦，因此他总是可以准确地辨认出家的位置。

2. 认识药品及了解用药常识

家庭中通常都存有一定数量的药品备急，父母会把一些常用药品拿出来教孩子辨认，使其逐渐了解药品名称、用途及用法，这样既让孩子增长了知识，又降低了发生危险的可能性。另外在带孩子去医院看病的时候，还顺便教孩子认识医院，以便解除孩子对医生的恐惧感，学会配合治病，或在发生意外时能自己到医院求助。

3. 认识常用小工具及安全使用方法

父母不会因为怕危险就不让孩子接触工具，他们的做法是帮助孩子了解安全使用工具的方法。在使用这些工具时，父母会顺便告诉孩子工具的名称及安全使用的方法。还会给孩子提供一些比较安全的小工具，诸如餐刀、不带尖的剪刀、小型的锤子、钳子等。让孩子边玩边学，既熟悉了各种工具的种类和功能，又在使用的过程中发展了孩子的动作技巧。

约翰·特蕾西是一个11岁的男孩，他很喜欢父亲的电视维修店，经常在里面玩耍。有一天，他正在玩耍时，不小心将手放进了带电的电视机里，结果生平第一次感受到了电击的痛苦。当时，父亲就在一旁，却没有阻止他，他用这次经历给小约翰上了第一堂电学基础课。"永远要将一只手放到衣服口袋里，这样就不会让自己成为一个回路。"这是遭受电击后，父亲对他说的话。在这之后，约翰再也没有出现过类似的事故。

4. 避免被坏人伤害

父母教孩子避免被坏人伤害的主要方式，是告诉他们一定不要接受陌生人的礼物，不要到陌生人的家中去，也不要请陌生人到自己家里来，不要让父母以外的人抚摸自己的身体，碰到存心不良的人纠缠时，要赶快跑到人多的地方或去告诉警察，还可以大声呼救或跑到附近居民的家中避难。

在美国，有一个12条的育儿法则，虽然其中有些内容与本章节并无太大关系，但我仍想在这里与大家分享一下。因为只有书本是分章节的，教育男孩则要将所有内容糅合到一起，融入自己的教育理念与方式之中。以下就是美国育儿的12条法则：

归属法则：保证孩子在健康的家庭环境中成长；

希望法则：永远让孩子看到希望；

力量法则：永远不要与孩子争强斗胜；

管理法则：在孩子未成年时，管教是父母的责任；

声音法则：要倾听孩子的声音；

榜样法则：言传身教对孩子的榜样作用是巨大的；

求同存异法则：尊重孩子对世界的看法，并尽量去理解他们；

惩罚法则：惩罚容易使孩子产生逆反和报复心理，慎用；

后果法则：让孩子了解其行为可能产生的后果；

结构法则：让孩子从小了解道德准则和法律法规；

20码法则：尊重孩子的独立倾向，与其至少保持20码的距离；

4W法则：任何时候都要了解孩子跟谁在一起（Who）、在什么地方（Where）、在做什么（What），以及在什么时候回家（When）。

第三节　让男孩掌握必要的求生知识

危机之所以为称为危机，就是因为它总在意想不到的时候出现。此时，你是否能够做好准备，应付突如其来的状况呢？在美国，安全知识讲座已经普遍开展，而求生知识同样已经相当普及。

下面让我们来看这样一个例子：

2011年1月，14岁的美国少年杰克与全家人一起来到美国俄勒冈州的巴奇勒山滑雪场滑雪，可在滑雪途中由于丢失了一块滑雪板而掉队。然后粗心的父母并没有发现儿子的突发状况，只是继续向山下滑去。杰克眼看无法追上他们，只好脱下另一块滑雪板，试图徒步下山。

然而，天很快就黑了下来，并且突然变天，大雪从天而降。这个变化让杰克开始有些绝望：他无法在天黑之前找到父母了。

当时，山上的气温已经降到零下17摄氏度，正当杰克一筹莫展之时，他突然想起在"探索频道"看过的节目《荒野求生》，主持人贝尔·吉罗斯说过，在雪山中迷路，应该在雪中挖出一个方向向上的洞，并在洞中等待救援。方向向上的洞可以让风雪从洞口下吹过，就这样，杰克没有被纷纷扬扬的大雪活埋。

当俄勒冈州国民警卫队的直升机盘旋在滑雪场上空时，却被大雪挡住了视线，因此无法发现杰克。杰克依照贝尔教授的求生技能，在雪地中寻找雪橇滑过的痕迹，因为那指向下山的方向。

当人们最终找到杰克时，他身上已经呈现出低体温症的部分症状，但除此之外别无大碍。在极度寒冷的雪山中生存了9个小时，对于杰克这样一名少年来说无疑是一个奇迹。

可每个奇迹的发生，背后都有其必然的原因。在美国，各种求生知识讲座和求生节目屡见不鲜。从十几年前的风靡一时的《少年虎胆》，到如今热播的《荒野求生》，都为广大青少年遇到困境时提供了许多可供参考的意见。

其实，在美国最大的野外生存活动，就应该算是童子军组织了。在童子军的活动中，会教给男孩各种野外生存技巧。以在森林中辨认方向为例，童子军为男孩们提供了以下几种技巧：

1. 用手表当罗盘

手表经常用来准确表示罗盘上的各个方位点。因此，可以让表盘上的时针对着太阳。如果是上午，时针与正午12点之间的角度等分线就指向南方；如果是下午，你就要向相反的角度进行估算。

之所以找等分线，是因为太阳每24小时转一圈，而时针每12个小时转一圈。如果我们推理一下：假设有一个24小时转一圈的时钟，那么它的时间角度就会与大自然的昼夜轮回完全一致。这时，只要表盘上的时针指向太阳，表盘上正午12点的方向就是南方了。但由于表盘只有12个小时，是24小时的一半，所以在表盘中就只能找等分线了。

2. 用小刀寻找方位

如果看不到太阳，也可以到一个空旷的开阔地带，朝你手表表盘的正上方举起你的小刀，刀尖朝上。此时，小刀会投射出一个模糊的影子，指示出太阳的实际位置。但如果当时阴云密布，就要想别的方法了。

此时，你可以将刀尖朝下置于拇指指甲上，然后转动小刀，直到刀刃的整个影子完全盖住手指为止。这样做将能告诉你太阳在哪个位置。

3. 观察植物

由于美国处于北半球，所以太阳总是处于南方。因此植物向南的一边枝叶比较茂密，而向北的一边容易生苔藓。当然，这种方法并不如前两种一样准确，因为植物的生长要受到很多客观因素的制约，所以轻易不要使用这种方法。

童子军类似这样的教学还有很多，比如如何生营火、如何搭建帐篷，他们的目的就是为了让男孩掌握尽可能多的生存技巧，以便为突发险情做好准备。试问，如果两个人同时被困在深山里，一个拥有熟练的野外生存技巧，而另一个则是典型的现代都市人，那么谁最终脱险的概率会比较大呢？答案显而易见。

第四节　培养男孩坚强的意志

面对困境的时候，熟练的求生技能固然重要，而坚强的求生意志更是难能可贵。因为如果失去了面对困境的勇气，放弃了脱离险境的希望，即使有再多的求生技能，也终归无用。

一名15岁的男孩马克·萨尼科克在出海捕鱼时，因渔船故障漂流了3天，最后在距离家乡大约36公里的地方获救。萨尼科克说："由于海浪巨大，他没办法撒网捕鱼，因此3天没有饭吃，3天没有水喝，仅仅靠吞咽口水维持生命。"事后，萨尼科克的主治医生赞誉了男孩的求生意志，他说道："在大海中，巨浪带来的恐惧，以及难以想象的孤独感，会让一个正常人发疯。我们很难想象在这种情况下他还能活着回来，这简直就是奇迹。当然，如果没有他坚强的求生意志，什么奇迹都不会发生。"

无数求生的案例表明，当人们在遭遇危险和绝境时、生命受到严重威胁时，坚定、强烈的意志力和信念可以帮助人们克服无法想象的艰难险阻、甚至顽疾。

2003年4月26日，一位名叫阿伦·罗尔斯顿的登山爱好者，在攀岩过程中出现意外，一块松动的巨石死死夹住他的右上臂，将他整个身体挤在了峭壁上。

随后，罗尔斯顿开始与巨石展开"搏斗"，但让他始料未及的是，这一艰难的历程竟然持续了5天。

刚开始，罗尔斯顿试图用随身携带的多功能折叠刀一点点划碎压住手臂的巨石，但没有成功。然后，他又试图用助爬钉把巨石撬动，结果还是失败了。就这样，在与巨石毫无结果地争斗了3天后，罗尔斯顿几乎消耗掉了随身带的3升饮用水和大部分干粮。这时，一个大胆的念头出现在罗尔斯顿的脑海里——既然右臂无法抽出来，干脆就让它留在那里。他认为这是逃生的唯一方法。

于是，他拿出多功能折叠刀，开始切割自己的手臂。但是，由于前几天不断用刀划石头，刀锋已经被磨钝，甚至连落在胳膊上的发丝都割不断。

第四天，他"基本上准备好了一个手术台。"

第五天，他聚集起残存的所有气力、并使出全身招数："我先使劲折断了前臂靠近手腕处的桡骨。然后，在接下来的几分钟内，我又使劲扭断了另一根尺骨……最后，我缠上止血带。整个过程大约用了一个小时。"

罗尔斯顿事后说："我也不知道自己是如何做到的。我感觉到了疼痛，但我仍旧继续那样做下去，我成功了。"

但是，自残手臂得以脱身并不意味着活了过来。断臂的罗尔斯顿紧接着又爬过了一段狭窄、弯曲的峡谷，用绳索从一个18米的悬崖上滑到谷地，然后在谷地步行了大约10公里。这时已经是5月1日了。

之后，罗尔斯顿遇到了两名荷兰籍徒步旅行者，随后被直升机送往医院。当时他已经严重脱水，浑身是血，但意识依然清醒。

可以说，求生意志在很大程度上可以成为决定生存与否的关键因素。但要注意的是，求生意志并不是指简单的求生本能，也不是指盲目的自信或者乐观精神。实际上，求生意志并非与生俱来，它既与每个人本身的气质和个性特征有关，也会受到周围环境、生活方式、心理素质等多种因素的影响。

那么，如何通过后天的训练增强一个人的求生意志呢？美国陆军司令部的《美军生存手册》一书，第一章就讲述了关于"求生意志"中与心理相关的一些关键因素，在险境中，每个人通过对自身心理和生理反应的充分了解，运用理智对外界压力的影响，做出合理的行为判断与指引，这对于最终的生存而言是至关重要的。

人的身体有生理反应机制，帮助个体适应不同环境的压力。但这种生理上适应的特点却可能成为求生过程最大的两个危险。一是对舒适的渴望。这时候就需要人们学会将短期的利益和长期的利益作比较，舒适适应只是眼前的利益，而暂时的不舒适甚至痛苦却可能带来生命的延续。了解自己对不舒适的忍受程度，以及对远期的生命愿望会帮助人们勇敢地面对困境。二是消极的态度。不良的生理状态往往会导致消极的情绪，按部就班的计划和短期目标可以避免这一情况的发生。一旦出现了消极情绪，最好的办法就是直接面对并接受这种情绪带来的心理压力。

厌倦和孤独是最常见的两类心理压力。厌倦情绪来自于恶劣环境的重复和单调，它容易让一个人灰心丧气。要克服厌倦情绪，最关键的是时刻给予自己积极的心理暗示，将"生存"这一最终目标铭记于心，认识到自己所做的每一点努力都朝着目标前进一步。孤独情绪由孤身一人的现实危险处境引发，孤独会让一个人无助绝望。要克服孤独情绪，最关键的是独立自主的能力。如果一个人在日常生活中有很好的独立能力，比如学会如何依靠自己的能力解决问题，如何在独处时让自己感到舒适，那么这个人在遭遇绝境时就有很大的生存概率。

因此，当自己或他人面临求生困境时，应尝试运用每个人内心潜在的心理压力，与恶劣的外部环境组斗争。一旦求生意志被激发，就可以创造出奇迹！

第五节　让男孩拥有强健的体魄

美国人崇尚运动，这一点直到我到了美国才有切身的体会。我身边的朋友，他们家里的孩子一到周末几乎就不会闲着，大点的孩子去打橄榄球，小点的去打篮球或者打棒球，女孩就去打排球，或者参加啦啦队训练。最让我印象深刻的是一位名叫潘恩的父亲，他每个周末都会让自己的三个孩子去社区体操馆训练。与国内正规的体操训练不同，这里的体操训练对于孩子并没有那么艰苦，其实就是伸伸胳膊，动动腿，翻几个跟头。我曾问过潘恩，是否希望自己的孩子将来从事职业体育运动。潘恩回答道："当然不，我知道自己的孩子没有这方面的特长，但我希望他们多运动，因为强健的体魄对他们以后的生活有好处。"

在美国，不仅仅是家长重视孩子的体育锻炼，学校也将体育运动作为自己的主要教学内容之一。几乎每个小学、中学都有自己的体育兴趣班或者运动队，这样做的目的不是为了培养专业运动员，只是希望孩子能够得到真正的全面发展。

在美国所有的学校体育比赛中，最为我们熟知的可能就要算是美国大学体育联盟了（NCAA）。这是一个由全美上千所大专院校共同参与的组织，组建了各个项目的全国联赛，其中球类项目包括橄榄球、棒球、足球、冰球、网球、排球、高尔夫球、篮球、曲棍球、长曲棍球、垒球、水球、保龄球13项；非球类运动包括室外田径、室内田径、击剑、摔跤、拳击、体操、步枪、越野、赛艇、滑雪等10项。美国大学体育联盟对各项体育运动有着科学的区分，成熟的赛制。美国大学的体育赛事，不仅是受到所在学校学生的青睐，更是全美国的体育狂欢。比如大学篮球NCAA三月的总决赛，其关注度甚至远远超过美国篮球职业大联盟（NBA）。

正因为有这样的关注度，才让每一个男孩热血沸腾，期望着有朝一日自己也能飞奔在赛场上，享受着周围观众的欢呼。而且，在一所高校里，即使某个男孩学习成绩很好，但如果在体育运动中没有特长，也会被归入Nerd（书呆子）的行列。就这样，为了争取面子，赢得荣誉，每一位学生的运动积极性都被调动起来，这才让体育真正成为了一项全民运动。

第 11 章

性与健康

性 对于传统意识浓厚的中国人来说，始终是一个讳莫如深的话题。特别是在儿童教育领域，即便时间已经到了21世纪的今天，家长、老师也始终将性知识作为一个能躲就躲的"雷区"，很少甚至根本不向孩子提及，寄希望于他们随着年龄的增长可以无师自通。于是，一些所谓的"老师"也就不请自来了。

据一项网络调查显示，目前中国超过90％的未成年人性知识的获得是通过各种不良途径，例如浏览色情网页、观看淫秽电影等等。这些不良途径在为中国未成年人相当贫乏的性教育领域解决了一部分问题的同时，也带来了更多的问题。事实证明，很多时候，仅仅靠"躲"是不能解决问题的，反而还可能造成更多的麻烦。有鉴于此，家长和老师必须正视目前中国未成年人性教育领域存在的诸多问题，对其加以适当的规范和引导，帮助未成年人树立正确的性观念。这已经是一个摆在所有中国人面前的刻不容缓的任务。

相对而言，美国人在未成年人性教育领域要开放、透明许多，也积累了许多积极而有意义的方法和理念。这些都是非常值得中国父母学习和借鉴的。

第一节　性教育要从小开始

美国父母对于孩子的性教育比较主动，他们总是主动和孩子谈性问题。即便是在孩子很小的时候，父母也不会等到他们来问才去教他们，就像他们不会等到孩子手被烫了才告诉他们不能摸热炉子一样。美国家庭教育学家黛卜拉·哈夫纳说："教给孩子有关我们生存的这个世界，以及相关的价值观念是做父母的职责。这其中也包括教给他们有关性的知识。"当美国父母在和孩子一起看电视，或者一起阅读书刊遇到了性画面和性描写时，他们并不是像很多中国父母那样马上换台，或者敷衍过去，而是从为人父母的角度出发，认为这时是对孩子进行家庭性教育的"最佳时刻"。在对孩子进行性的价值观的教育过程中，他们总是事先把孩子生理和心理方面的困惑了解清楚，总是努力去了解未成年子女在学校和社会学到了什么样的性知识，然后再与他们进行沟通。对于自己不知道答案的问题，他们也从不遮遮掩掩，而是实话实说，告诉孩子自己也不知道，然后再去查书本。

美国著名的性学专家皮尔萨博士遇到过不少在性教育上倍感困惑的父母，并为他们答疑解惑。在他看来，有效的爱和性教育的规则其实很简单，只有如下3条。

首先，应该找机会多和孩子谈谈跟性有关的问题，抓住孩子产生困惑的有利时机，实施"机会教育"。父母应该充分利用电视节目、电影、报纸上的新闻，以及杂志里的文章。要想从里面每天找上几十个跟性有关的问题并不困难。

皮尔萨博士进一步提醒说，实施"机会教育"，重要的是一针见血，而不是长篇大论的演讲。在过去，孩子要是有了性的疑惑，如果是男孩子，做妈妈的会说："去跟你爸爸谈。"这种老套的观念完全没有必要。无论对于男孩，还是女孩，父母双亲都要同时施教。只要父母对性有正确的认识，母亲可以跟儿子谈，父亲也可以跟女儿谈。事实上，父母双方在一起对子女进行性教育是最好的安排。因为在讨论性和爱的时候，父母双亲是爱和被爱的最亲近的典范。

其次，不要老是在孩子面前强调"不能做什么"。人都有逆反和好奇心理，父母开出一张在性行为方面不能做什么的清单，孩子反倒可能产生"听上去很有趣味，我为什么不去试一试"的感觉。因此，美国父母通常只会向孩子说明他那个年龄段能做的事情（如握手、拥抱与亲吻），然后同时说出下列两条必须坚守的底线："结婚以前不能性交"和"永远不能伤害另一个人"。性和爱的教育最大的危险是父母双亲在性道德和性思想方面产生分歧。要知道，孩子往往是最善于利用父母不同意见的"专家"。他们总是有办法为想做或不能做的事情取得父亲或母亲的支持。如果夫妻两人的意见不一致，就很难使孩子受到良好的教育。

最后，不要指望进行一次性教育就能使孩子终身免疫。这就像一再地要孩子自己整理房间并不能使孩子的房间保持整洁，因此就需要父母反复唠叨的道理一样。正是在父母不断的"唠叨"中，孩子们会逐渐意识到父母重视整洁，因此自己必须经常收拾房间。同样的道理，他们也能从不断被重复和强调的性教育中了解父母所重视的事情。

第二节　性教育是一道必须解决的难题

在中国，性教育是一个千古难题，它常常让许多父母陷入尴尬境地。曾经有教育专家对13位过早发生过性关系的中学生进行了深度调查，得出了如下的结论：

在发生性关系的学生中，半数以上是师生公认的好学生；

在发生性关系的学生中，1/3来自重点中学甚至是声名显赫的学校；

他们初次发生性行为时100%不用安全套；

他们有过性行为的事实，父母与老师100%不知道；

他们对学校和家庭的性教育100%不满意。

在我国，受传统文化的影响，大多数父母对性教育的认识都很肤浅。有的父母甚至根本否定儿童有性问题；有的父母虽然承认儿童有性问题，但却拒绝对孩子进行性教育，认为孩子长大之后自然而然就知道了；有的父母不清楚儿童性问题到底包括哪些方面，也就无法持明确的态度。这些都导致了绝大多数父母对儿童性问题持闭口不谈，甚至听之任之的态度。一旦某天突然发现孩子发生了问题，父母才感到糟糕透顶的事情终于来了。他们会把一切的责任都推给孩子，把愤怒都发泄到孩子头上。事实上这是不公平的，因为父母没有为他们提供必要的有关性方面的教育。随着社会的发展与开放，父母应该把孩子的性教育提到议事日程上来。不闻不问和躲躲闪闪的态度已经不再是不好意思的问题，

而是关系到孩子能否健康成长的大问题。由此可见，性教育在中国确实是一道难题，但是这道难题已经到了必须解决的时候了

公允地说，性教育对各国父母来说其实都是一个难题。但是有些国家的父母由于能够对这个问题引起重视，并积极应对，因此就可以取得比较好的效果。

在美国，父母对低龄儿童的性别差异是很看重的。在众多的托幼机构里，幼儿的厕所也是分男女的。在一个扎着小辫子女孩坐厕姿势的图案和一个男孩坐厕姿势的图案的标志下，幼儿们分门进出。厕所里面的设施也完全按正规男女厕所设计，只不过比例缩小而已。为了便于幼儿识别，有的女厕所的墙还专门使用粉红色的瓷砖，男厕所则用浅灰色。幼儿到园的第一天，认识厕所便是第一课。幼儿上厕所的时候，老师都会提醒他们别走错了。有的孩子会在这方面表现出特别的好奇，比如有的男孩子就会跑到女厕所探个究竟。对于这种行为，老师一般不批评，只是问他们看清了有什么不一样没有。

除此之外，美国的性教育还是随着孩子年龄的变化而变化的。对于上初中的孩子来说，父母、老师会通过具体的事例告诉她们对性的责任。

一位华裔母亲就曾经遇到过这样一件事情。有一天，她的女儿玲玲从学校抱回一个货真价实的"洋娃娃"。这个假娃娃拥有真娃娃的整套装备。从睡篮到小衣服、小鞋子、尿布、奶瓶，一应俱全。一开始，这位母亲还觉得很奇怪：女儿都上初一了，怎么学校还让学生玩娃娃？

然而没过几个小时，她就发现这个娃娃可真不是个"好玩"的玩意儿。娃娃的体内装有电脑程序，每过几个小时就会放声大哭。哭的原因有两个，一个是饿了，一个是要换尿布了。要想让娃娃"停止哭闹"，就必须马上行动。如果是饿，就要把奶瓶放进娃娃嘴里。如果是尿布

"脏"了，就得换上"干净"的尿布。要是当"妈妈"的想偷点懒，娃娃就会哭个不停。即使是在半夜，娃娃也还是按照预订的设置三番五次地"哭闹"。

那天晚上，玲玲被那个"娃娃"闹得筋疲力尽，狼狈不堪。第二天，她上学后的第一件事就是赶快把"娃娃"还给老师。对于这次经历，玲玲大有体会地说："自己有个婴儿一点都不好玩，才当一天妈妈就已经快累死人了，更不要说天天这么折腾，那还怎么读书……"

玲玲的母亲事后才知道，"玩娃娃"就是美国中学给初中一年级学生开设的一门选修课。开设这种课的初衷很明确，一是为了传授科学知识，二是让青少年体验喂养孩子的艰辛。与此同时，也给了孩子一个"早孕实习"的机会，让孩子体验"早孕"的"恐怖"。它向女孩们发出了一个警告：怀孕，当妈妈，可不像童年时"过家家"的游戏那么好玩。被又哭又闹的娃娃吓坏了的"玲玲"们，到了需要面对"要不要怀孩子"的现实问题时，一定会因为有过这种"亲身体验"三思而行。

在中国父母眼中，对孩子提出的令人尴尬的性问题，沉默或者打岔是最好的办法。一位母亲说："我父母从来都没有直接给我讲过性知识，并不是因为保守，而是觉得没有必要。水到渠成嘛，性知识并不是非讲不可。我不就这样过来了？所以，我也不准备对自己的孩子说什么。"

这样的态度，实际上就是一种"鸵鸟"式的教育。其实，亲子之间越是回避性话题的交流，孩子就越会觉得那是一件难以启齿的事。但是另一方面，他们对"性"的兴趣却会与日俱增。很显然，"躲"并不是一个明智的办法。那么面对孩子的性问题，家长要如何正确地回答孩子的提问，引导孩子健康成长呢？借鉴美国父母，以及美国专家的性教育经验，大致可以归纳出以下两条原则。

1. 尽快回答

当孩子提出性问题的时候，一定要及时坦率地回答，发现问题就解决。如果让问题堆积在一起，就更难对付了。而且拖延的办法还会让孩子渐渐失去对父母的信任，有问题也不会再找父母了。

2. 告诉孩子"可以做什么"更重要

多数父母总是担心孩子做出一些出格的事情。因此，父母往往爱告诉孩子"不要这样"、"不要那样"，还总是喜欢把问题说得极其严重。实际上，父母的话反而给孩子一些刺激，让他觉得很神秘，或者感到很有趣，他们会更想去试一试。有鉴于此，父母在给孩子讲解各类性问题的时候，不妨告诉孩子"可以做什么"。比如可以和异性握手、与异性一起游玩等。当然有些原则是需要父母强调的，如恋爱不宜太早，对感情问题要有责任心。父母应该严肃地表达这些原则，让孩子知道在性问题的处理上是有原则的，但是切忌不要过于唠叨。

中国性教育领域除了如上所说，在生理知识传授方面存在缺失之外，还有一个相当严重的问题，那就是非常忽视从心理角度进行的性别教育。根据国外学者的最新研究，多数人其实都存在着两种性别身份。一种是生理上的性别，也就是通常所说的Sex。这种性别身份是由每个人的染色体结构先天决定的，通常无法更改。人的另外一种性别身份则是社会性别或者心理性别，也就是现在开始逐渐被国人所熟知的Gender。这种性别认同只决定于人的心理层面，是可以后天改变的。

通常情况下，人的生理性别和社会性别是一致的，但是也有某些例外的情况。老百姓一般管这种情况叫作"不男不女"，更加科学的说法则将其称为"性别错位"。"性别错位"在某些国家，比如北欧的荷兰和丹麦，是可以被社会认可和接受的。但是在相对保守的中国，却依然很难得到大多数人的承认。当事人自己也会因此在工作生活方面带来很多的困扰，甚至造成很多不幸事件的发生。

第三节　孩子为什么会出现"性别错位"

小姑娘不喜欢穿裙子，走路大大咧咧；男孩子说话细声细语，喜欢照镜子打扮……诸如此类，都是孩子成长中出现的"性别错位"现象。出现这些令做父母感到十分困惑的现象的根本原因，就是我们在忽视了对于孩子进行性教育的同时，也忽视了对于孩子的性别教育。

一位母亲这样讲述了自己的烦恼。儿子今年6岁，刚刚上小学。小家伙从小就粘自己，离开妈妈一会儿就又哭又闹，像个小女孩一样娇气，说话也细声细气的。更要命的是，儿子平时还喜欢模仿自己的行为，比如搽粉、化妆、照镜子等，对粉色、花色的衣服感兴趣。相反，给他买的兵器类玩具却被扔在一边。这位母亲说："现在，我真的有点担心儿子的性别错位了。"

对于孩子的性别教育是很简单的一件事，男孩就是男孩，女孩就是女孩。在这方面，父母不要给孩子不良的引导，否则很容易引发孩子性别错位的心理定式，孩子的这种心理定式一旦引发，就不容易再改正了。比如下面这个案例。

平头、男式牛仔裤、球鞋，仅凭穿着打扮，一般人很难认出莎莎是女孩。"做真正的男子汉那才好呢！"莎莎经常这样说，男子气十足。面对"巾帼不让须眉"的女儿，莎莎的母亲无奈地诉苦："莎莎从小就是个假小子，从穿着打扮到喜好言行，都像个男孩子。小时候觉得好玩，现在大了，马上就要进入青春期了，看起来就觉得很别扭。其实，这也要怪我们自己。"原来，莎莎的父亲四兄妹的孩子都是女儿，一大家子人最渴望要个男孩。年龄最小的莎莎一出生就被亲戚喊作"儿子"或者"小子",从小穿男孩衣服,剪男孩发型,玩具不是刀就是枪,还学武术。小时候,莎莎近似男孩的性格起初让父母很放心,不用担心孩子受欺负,但没想到如今成了他们最大的心病。

父母对孩子的性别心理影响是造成"性别错位"的原因之一,但并不是唯一的原因。南京某高校社会学系做过一个名为"你眼中的帅哥长什么样?"的调查显示,如今中学女生眼里的帅哥与我们传统的认识早已大相径庭。女孩们眼中的帅哥,不再是有着健康体魄、阳刚气十足的男子汉,而是长得堪称如花似玉、十分柔美的"伪娘"。

了解了这些情况之后,面对现在孩子身上出现的越来越严重的"性别错位"问题,父母们除了"一声叹息"之外,又可以做些什么呢?对于这个问题,我可以给出几点建议:

1. 对男孩的性别教育越早越好

现在,越来越多的家长开始关心和重视青春期孩子的性教育,但是,他们往往忽视对小孩子的性别教育。专家指出:"性别教育是对孩子进行性教育的基础,是孩子对自身了解的启蒙,也是孩子形成健康人格的基础。所以,从小就开始对孩子进行科学的性别教育是非常必要的。"

男孩的性别角色意识从3岁后开始建立,而真正形成却是在青春期以后。至于6-12岁的小学阶段,男孩的注意力通常会转移到学习社会知识和兴趣的培养上,因此这段时期亦被称为"性别意识的潜伏期"。所以,在男孩3-6岁的时候进行早期性别教育,有利于他们形成健康的人格,为他们进入青春期后正确处理两性关系打下牢固的人格基础。

2. 父亲为男孩做出性别榜样

当男孩长到6岁，开始有意识地模仿父亲的行为。此时，也正是父亲为男孩做出性别榜样的最佳时期。

研究表明，如果有一个好父亲，男孩在人际交往上会获得更大的安全感，自尊心亦比较强。因此，父亲必须走到性别教育的最前线，用自己的实际行动，为儿子做出榜样，告诉他一个真正男子汉的行为方式是怎样的。这将有利于培养男孩的人格魅力和自主能力，使你的小男子汉更好地适应现实世界和未来社会。

具体地说，在男婴时期，父亲可以鼓励孩子学习走路，教其翻滚以及攀爬。等男婴成长为男孩，父亲必须经常陪他一起玩闹，培养男孩对外界的兴趣和他的动手能力。同时，父亲还必须以身作则，告诉男孩努力工作、尊重妻子的男人才是真正的男子汉。

3. 鼓励男孩参加体育运动

可能对于男孩来说，没有哪一项活动，比体育运动更能激发他的男性荷尔蒙了。体育运动为男孩提供了一个近距离接触其他男孩、甚至男人的机会，如果足够幸运，男孩将在他们之中挑选自己的榜样，设立成人后的目标。当父母看到自己的孩子，与其他男孩在比赛场上竞技的时候，我想你已经不必为自己家里男孩的性别认同而烦恼了。

当然，体育运动是一把双刃剑。如果你的男孩不适合体育运动怎么办呢？比如他在足球场上的表现很差，因而被小朋友取笑；或者由于体力、身材等原因，被其他男孩排斥。面对这种情况，你会怎么做呢？

　　真遇到这种情况，各位父母也不必着急。如果赶鸭子上架，很可能会影响男孩自信心的建立。因此，此时最好的办法就是转而寻找其他的运动项目。比如父子二人去公园里掷飞盘、去河边垂钓、去公园野营，都是很好的选择。记住，你的目的是为了让男孩获得性别认同，而不是让他成为专业运动员，所以，请找到一条适合男孩的道路，并保证他不会在这条道路上受到伤害。

用正确的方法教育男孩

有人说："孩子的人生，就是父母的人生；孩子的成就，就是父母的成就。"对于这句话，我十分赞同。因为从某种程度上讲，父母的教育方法，决定了孩子取得成就的高度。

多年前我曾听过这样一则故事。一个小男孩在观察飞蛾破茧的过程，只见它用尽全身力气在茧中挣扎，让茧左右摆动，但却始终无法挣脱茧的束缚。时间一点一点地过去，小男孩有些不忍心了，于是他拿出剪刀，小心翼翼地在茧上打开一个豁口。这个办法果然见效，飞蛾从茧中慢慢爬出，然后开始抖动翅膀。可奇怪的是，无论飞蛾怎样用力，它的翅膀都不能承载自身的体重，因此也无法飞到空中。没过多长时间，飞蛾便在痛苦中死去。

虽然已经过去了很多年，但我却一直清楚地记得这则故事，因为其中蕴含的道理，与我们教育男孩出奇的一致。男孩的成长就是他们破茧的过程，只有在这一过程中接受足够的磨炼，才能够为日后独立面对现实生活做好充足的准备。否则，若是事事都要父母代劳，看似是在帮助孩子，其实却是在扼杀他们成长的过程。飞蛾缺少了破茧的痛苦挣扎，血液就无法流进翅膀的每一个血管，自然也就没有足够的力量一飞冲天。

　　教育男孩，一定要选择合适的方法。套用一句俗语：一千个男孩就有一千种性格。最终选择何种教育方法，要依具体情况而定。在本书中，我选择性地介绍了一些美国较为流行的教育方法，但究竟选择哪种才最适合自己的男孩，就要靠各位父母选择。所有的这些方法，没有孰优孰劣之分，只要是适合自己家男孩的方法，就是好方法。

　　好父母都是学习出来的，好孩子都是教出来的。只要能选择正确的教育方法，我相信每一位父母都可以培养出优秀的男孩。